大東京

のらりくらり
バス遊覧

泉麻人

絵

なかむら るみ

のらりくらり
大東京バス遊覧

泉麻人
絵 なかむらるみ

東京新聞

「路線バスの旅」なんていうのが近頃はテレビ番組の定例企画になってしまいましたが、僕は5歳児の時分から〝バス乗り〟を趣味にしてきました。まぁ、わが家のすぐ先が目白通りという幹線道路で、当時（昭和30年代）何路線ものバスが往き来していた……という環境が大きいのでしょうが、とりわけバス停の名前には敏感で、乗ったバスの停留所名をデパートの包装紙に書き出して地名や漢字を学びました。

そんなわけで、これまでもしばしば路線バス旅のエッセーを書いてきましたが、これは2年前（2016年春）から東京新聞のウェブ（ほっとWeb・東京深聞）で始めた連載モノをまとめたもので、連載は今も継続中です。

大東京――と銘打ったとおり、都内のルートが中心ですが、関東圏の気になる町やリゾートにもけっこう足を延ばしています。マニアックな路線やスポットも多々登場しますが、東京のちょっとオツな観光ガイドとしても重宝できると思います。

では、以下24篇のバス旅エッセー、お愉しみください。

1 墨田区内循環バス／北西部ルート、北東部ルート

2 東急バス／東京駅南口→等々力操車所

3 都営バス／浅草寿町→足立梅田町

4 西武バス／
吉祥寺駅→新座栄、長久保→成増駅南口

5 東急バス／荏原町駅入口→蒲田駅

6 西東京バス／奥多摩駅→鍾乳洞

大東京 のらりくらり バス遊覧 路線案内

各回のバス乗車地域をおおまかにあらわしたものです。

7 京急バス／逗子駅→葉山

8 港区ちぃばす／麻布西ルート、麻布東ルート

9 小田急バス／吉祥寺駅→深大寺

10 京成バス／金町駅→水元公園→大場川水門

11 関東バス、国際興業バス／池袋駅→中野駅

12 横浜市営バス／横浜駅前→山元町１丁目→市電保存館前

13 関東バス、国際興業バス／高円寺駅北口→赤羽駅東口

14 京急バス／京浜島循環、城南島循環

15 台東区循環バス／北めぐりん

16 アクアライン高速バス、日東交通／
品川駅東口→袖ヶ浦 BT →東京ドイツ村

17 国際興業バス／
東武練馬駅→西台一丁目→赤塚四丁目→吹上

18 神奈川中央交通／
橋本駅北口→鳥居原ふれあいの館、愛川大橋→本厚木駅

19 東急バス／
二子玉川駅→成育医療研究センター、鎌田→宇奈根ハンカチ公園

20 ハチ公バス／
夕やけこやけルート、丘を越えてルート、春の小川ルート

21 東武バス、国際興業バス／
竹の塚駅西口→安行原久保、峯八幡宮→十二月田中学校

22 都営バス、京成トランジットバス／
亀戸駅前→今井、相の川→本八幡駅南口

23 行田市市内循環バス／観光拠点循環コース、北西循環コース

24 都営バス、墨田区内循環バス／
新橋駅前→築地市場正門前、新橋→亀沢四丁目、すみだ北斎美術館前→押上駅

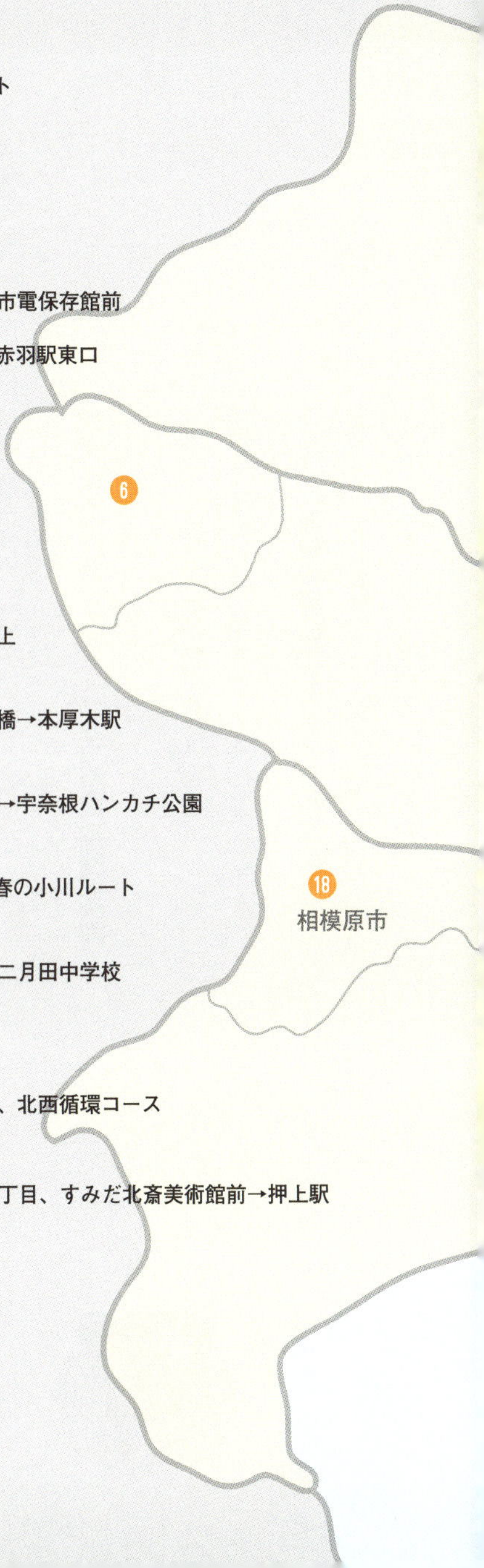

大東京 のらりくらり バス遊覧

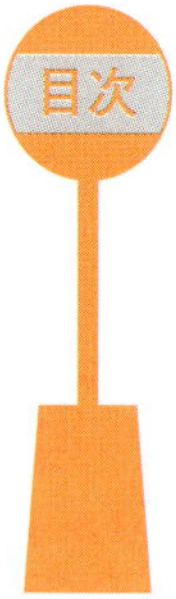

山海亭

臼田坂

温泉

本書は２０１６年3月～２０１８年2月にかけて「東京新聞ほっとＷｅｂ」で連載された「大東京のらりくらりバス遊覧」に加筆・修正し書籍化したものです。本書で紹介している取材先やデータなどは、取材時のものを掲載しておりますが、一部２０１８年5月までに変更が確認できたものに関しては、但し書きなどで補足しました。

のらりくらり

清水
東京駅南口

01

スカイツリーの裏町を往く

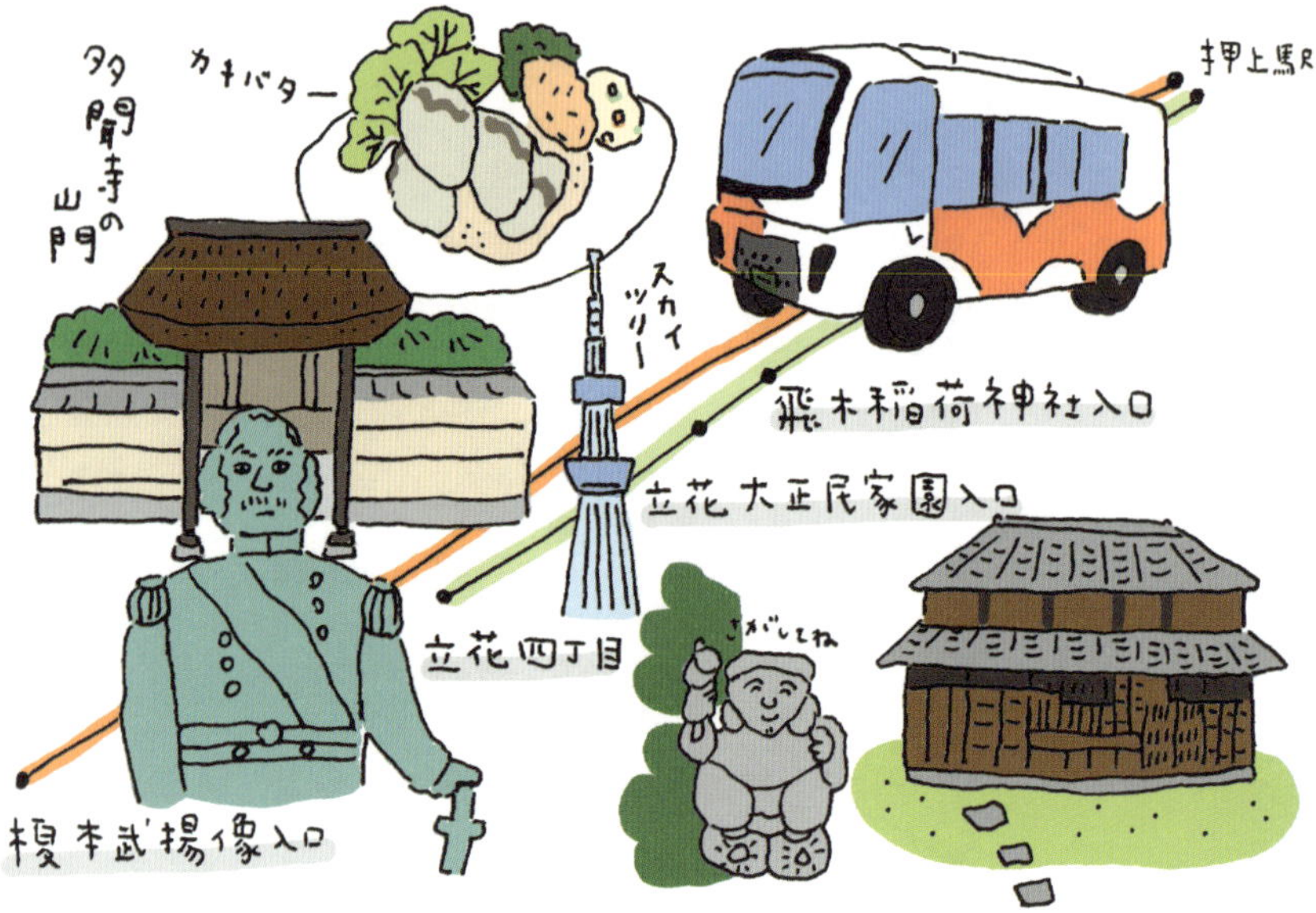

墨田区内循環バス

北西部ルート、北東部ルート

押上駅前のロータリーにやってきた墨田区内循環バス。
ルートによってボディーの色が違う。

さて、バス遊覧、どこから始めよう……かといろいろ考えた末、初っ端に選んだ路線は東京スカイツリーのお膝元、押上駅前から出る墨田区内循環バス。ワンコイン（１００円）で乗れる、いわゆるコミュニティーバスだ。通常の路線バスは最近どんどん区間が短縮されたり、本数が少なくなったり……の傾向にあるけれど、コミュニティーのジャンルは面白い路線がけっこう増えている。

ちなみにこの循環バス、北西部、北東部、南部と三つのルートがあるのだが、今回乗るのは前の二つ。路線図を一見すると、いかにもバスマニア心をくすぐる裏道的なコースが描かれている。

そう、毎回相棒として、これまでも何度かコンビを組んでいるイラストレーターのなかむらるみさんに御同行願う。バス車内は、彼女が研究対象にしている渋いおじさんの宝庫でもある。

午前10時過ぎ、「立花」の方向幕（バス通は行先表示をこう呼ぶのだが、もはや電光掲示だから幕ではない）を掲げた〈北東部ルート〉のバスに乗った。

一つ目の停留所は「飛《とび》木《き》稲荷神社入口」。これも地元の人しか知らなそうなローカルなネームだが、ナレーションで後ろに付く「アレルギー内科の○×医院」なんて案内がいっそうコアなムードを醸

立花大正民家園入口のバス停の先に見えたスカイツリー。車窓風景のランドマークになっている。

し出す。

程良く狭い曳舟たから通りに入って、「下町人情キラキラ橘商店街入口」。オカズの立売り屋が並ぶ濃厚昭和風味の商店街だが、まだこの時間はあまり店開きしていない。

しかし、このバスは踏切をよく渡る。調べたらどれも同じ東武亀戸線のようだが、その沿線の東あずまの駅前を横切る。

東あずま――もちろんアズマアズマと読むわけではなく、上はヒガシで下の漢字は吾嬬。このあたりの町名、立花や先の商店街の橋も含めて、日本武尊《やまとたける》神話に由来する歴史がかった地名らしい。

日本武尊が三浦半島の走水《はしりみず》の沖あたりで嵐に遭った折、妃の弟橘《おとたちばな》姫が海に身を投じて荒波を鎮めた。姫の召物が流れ着いたのが、このバスも通りがかる吾嬬神社の地なのだという。

横須賀の先の走水と墨田区あたりとではかなり距離感のある話だけれど、ともかく吾嬬とか橘（立花）の地名には、なかなか大そうな伝説が絡んでいるのである。

そんな一角の「立花大正民家園入口」でバスを降りると、湾曲した平井街道の前方にスコンといい感じでスカイツリーが立っている。

この辺でお気づきかもしれないが、このバスは他のルートも含めて「入口」名義の停留所が妙に多い。

葦《あし》などの草が繁った野趣な中川の岸辺の道を歩いて、けっこう「入口」から離れた大正民家園までやってきた。

川より低い所に前庭を携《たずさ》えて趣のある古民家が建っている。大正6年建築の小山家の住宅。村の時代に名主を務めていた家らしい。時間外ということで内部には入れなかったけれど、庭の草深い所に〝隠れキャラ探し〟のように七福神の像が置かれているのが面白い。

さらに、この家の裏路地の方へ歩いていくと、中川湯なんて銭湯をはじめ、迷路状の道づたいに古物件が点々と残っている。

ぐるりと歩きまわって、さっきのバスの停留所を探した。

降りた所より二つばかり先の「立花四丁目」で再乗車、東墨田から八広の方を通って、押上駅へと戻ってきた。

次の〈北西部ルート〉のバスを待っていると、向こうのスカイツリー（ソラマチ）の玄関先で学ランのグループが自撮り棒を使って記念写真を撮っている。地方から修学旅行で来た高校生ってとこだろうが、背後のスカイツリーをうまく入れこむのに苦労している様子だった。

北西部ルートのバスは曳舟川通りを北上していく。電柱に〈橘や〉という質屋の看板が目に

買い物帰りのおばさん

クリーニング店の前で一服する
妙齢の女性ふたり

家の外の水道で
かなり大きな音をだ
して、うがいするおじいさん

つくけれど、この看板はＤＶＤなどで何度か観ている映画『下町の太陽』にもよく映りこんでいる。

倍賞千恵子のヒット曲をもとにした昭和38年の映画だが、当時スカイツリーの所に広がっていた貨物線や曳舟駅横の資生堂の石鹸工場なんかが出てきて興味深い。

さて、バスは八広小学校の所を左折して鐘ヶ淵通りに入っていく。窓越しに道路の拡幅工事の様子が確認できるが、鐘ヶ淵の駅が近づくと立ち退きが進んでいないのか、昭和30年代からそのまま変わっていないような商店が軒を並べている。ま、物見遊山者としては、このまんまの方が面白いけれど……。

墨堤《ぼくてい》通りに突きあたった所の「榎本武揚《たけあき》像入口」の停留所でバスを降りた。

榎本武揚は戊辰《ぼしん》戦争の折、蝦夷《えぞ》地の箱館（函館）で最後まで抗戦した旧幕派の志士として知られるが、それでも坂本竜馬や勝海舟級のポピュラーな歴史人ではない。そのレベルの人物の像がバス停名に採用されちゃうあたりもローカル風情があっていい。車中で隣り合った中年女性は、その榎本像のすぐそばに住んでいるらしく、

団地を背にすっくと立つ榎本武揚像。彼は、どこを眺めているのだろう……。

「緑のあった北海道の方角を向いて立っている、って話ですよ」なんて豆知識を教えてくれた。

榎本像の見物は後まわしにして、少し北方の多聞寺《たもん》へ向かった。ここは以前、東京の七福神巡りをしているときに訪ねたことがあったが、1700年代くらいの築という茅葺きの山門がとても良い。

さらに、そこに至る道も、年季の入ったそば屋や酒屋、米屋……いかにも古い参詣道という雰囲気で気に入っている。昼飯はその「坂村」ってそば屋にしようか……ぼんやりプランしていたのだが、前の道は工事中、そのせいもあるのか、店には休業日の札がかかっていた（その後、閉業してしまったようだ）。

墨堤通りの隅田川の側に「都営白鬚東アパート」というのが十数棟、堤防のように建ち並んでいるが、榎本武揚の銅像はそんな団地の一角に建立されていた（現在は取材時よりやや表通り側に移った）。

大正2年の建造らしく、緑青《ろくしょう》が吹いて、なかなか年季が感じられたが、アレ？　彼が向いている方角、南の方ではないか……。どう見ても北海道の方ではない。あの御婦人「北海道に尻を向けて別れた……」みたいな俗説をカン違いしたのかもしれない。

そして、この銅像が置かれた場所、大正当時は向島梅若《うめわか》神社という社の境内だったようだ。

ランチで注文した駄敏丁カットのステーキ。

昼飯は、横長の団地棟がようやく途切れたあたり、白鬚橋東詰の「カタヤマ」で肉をいただくことにする。〈下町の洋食屋〉の旗が店前にずらっと出たここは、安くて旨い向島のステーキ屋として以前から知られている。

12時過ぎのランチ真っ只中の時間にしては並んでないな……と思ったら、店の並びの待合室に導かれた。すでに何組かの客がいる。芸能人のサイン色紙が展示されたこんなスペース、いつ頃できたのだろう？

メニューを開くとリーズナブルなものばかりでなく、100グラムで数千円くらいの値を付けた高級肉も用意されているようだが、ここのウリモノは「駄敏丁（だびんちょ）カット」というもの。味は良いがスジが多くて食べにくかった「らんいち」と呼ばれる部位のスジをうまく取り除いたものらしい。

なかむらさんや編集者、カメラマンはその駄敏丁カットのステーキランチを注文していたが、僕はついついカキのバター焼のセットに目を奪われ、ここまできてステーキを食べなかった。

セットに入っていた牛肉のショウガ焼もおいしかったけれど、やは

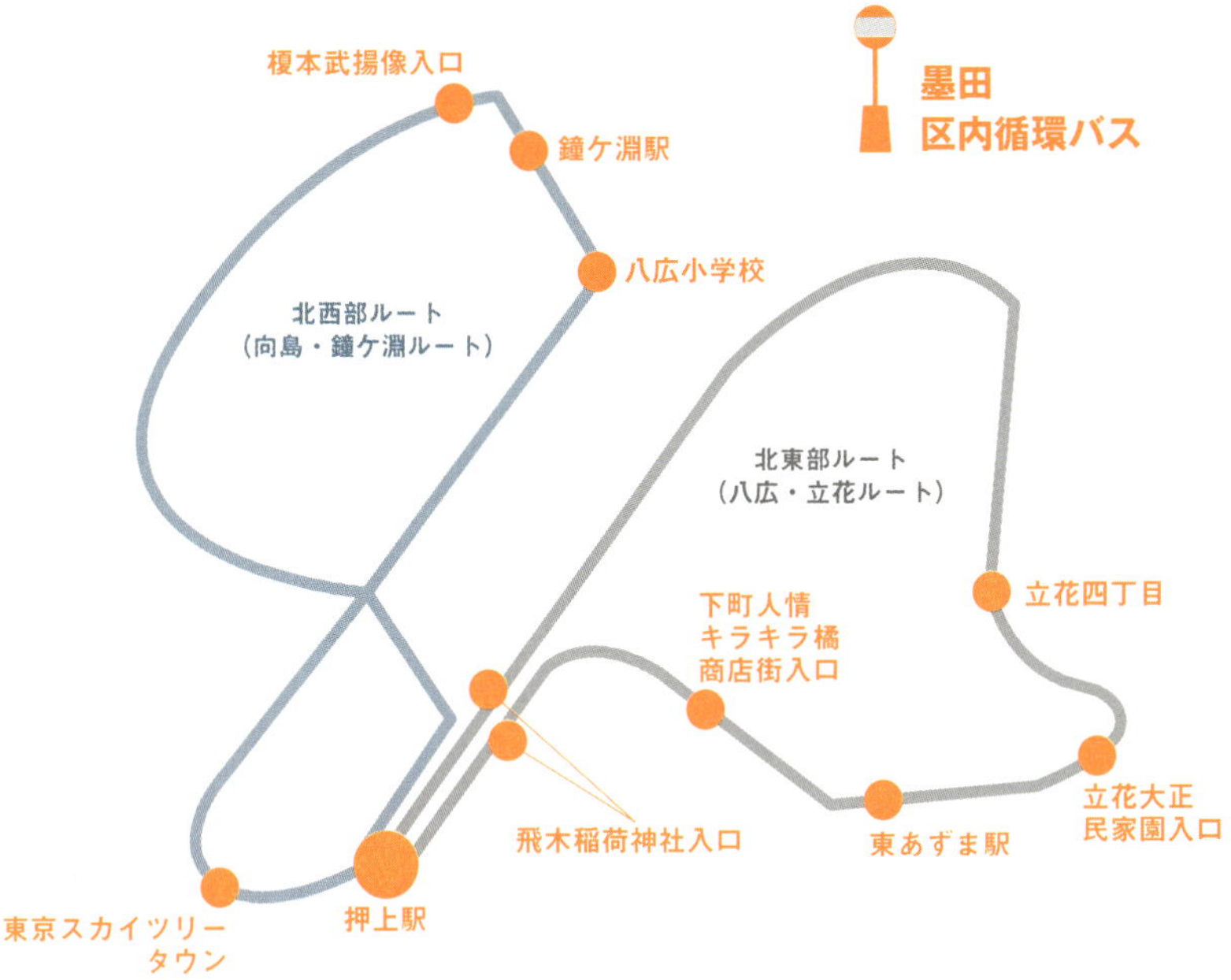

りステーキにするべきだったかもしれない。彼らの鉄板皿にジュワッと載った、割と厚みのあるステーキを見て、ちょっと後悔した。

そして、あたりを見まわすと、『下町の太陽』の頃に青春を迎えていたような世代の男女がダイナミックにステーキをパクついている。帰路のバス車内のお年寄りが全員〝肉食系〟に見えた。

02

バスで渓谷へ連れてって

東急バス

東京駅南口→等々力操車所

バスの中でせっせとあみものをするマダム。
孫のためかな…

出発は東京駅の丸の内南口、KITTEの向かい側から。

前回は狭い領域をクネクネと巡回するコミュニティーバスに乗ったので、こんどはちょっと長い距離をゆく路線バスに乗ろうと思う。

復原されたドーム屋根のレンガ駅舎もすっかり目になじんできた東京駅の丸の内南口。はとバス乗り場の隣りあたりから、等々力（操車所）行きのバスが出ている。この路線、ひと頃まで都バスも走っていたのだが、いまは東急バス一社。昭和の40年代くらいまでは、東京駅の前にも西武バスや関東バス……私バスがけっこう入りこんでいたものだが、いつしか都バスばかりになってしまった。そういう意味でもこの等々力行きの東急バス、レアな路線といえる。また、東京駅から世田谷の端《はじ》っこの等々力までずっと乗って220円の均一料金、ってのも安い！

イラスト担当のなかむら画伯とともに、後方の座席に腰掛けて、お客さんの様子を俯瞰しながら外景を眺める。

途中下車するポイントは決めているのだが、長いルートなのでしばらく車窓の景色を解説していこう。

皇居側のお堀端の道に出たバスは、クラシックな日比谷公会堂の見える内幸町交差点を右折、東京新聞の拠点がある日比谷中日ビルの前を通って、桜田通りを直進していく。虎ノ門ヒルズ、愛宕山の脇をぬけて、東京タワーの麓へ。タワーは足元のあたりが垣間見えるだけだが、車窓越しにちょっとした東京名所を観光できる路線ともいえる。

赤羽橋を過ぎると、わが母校・慶応大学。そう、通学していた当時からこのバスは走っていて、地方から出てきたばかりの男が等々力《とどろき》をトウトウリキと読んでいたのを思い出す。正門の先に、もはや全国的に有名な「ラーメン二郎」（三田本店）があるけれど、僕の現役時代はもう少し手前の交差点の角だった。あの頃は〝豚ダブル〟なんてヘビーなメニューをさくっと平らげていたものだが、いまや車窓越しに黄色い看板を見るだけでオナカいっぱいになってしまう。

東京タワーの所で観光客風グループが降り、慶大前では学生客が乗り降りし、他のバスと同じくお年寄りが優勢とはいえ、区間によって客層の趣が変わるのも長距離バスの妙味である。白金台のプラチナストリートの入り口を過ぎて、目黒の駅前。権之助坂を下って、バスはいよいよ東急のテリトリーに入る。

そして、今回の途中下車ポイント、「元競馬場前」にやってきた。元競馬場前――もはや、モト冬樹のような感じで目黒通りのポピュラーな地名として定着した感があるけれど、実際この近くに現在の府中の前身である競馬場があったのだ。その軌跡を辿るのが今回の一つの目的なのだが、バス停のちょいと手前に「目黒寄生虫館」という知る人ぞ知る東京裏名所がある。

まずはここをちらっと見学していこう。

寄生虫研究の第一人者・亀谷《かめがい》了《さとる》博士が昭和28年に開いた〝小さな虫のミュージアム〟、僕はもう何度か訪ねているけれど、けっこう若い女性が多い。それと、カップル。バンクロフト糸《し》状虫《じょうちゅう》というリンパに溜って男の〇〇タマをバカデカク肥大させてしまう寄生虫の展示や全長9メートル近い日本海裂頭条虫《れっとうじょうちゅう》（サナダムシのこと）を模した原寸大のヒモ……などに目を向けている。デートの会話のツカミにもいいのだろう。

出発のときから空模様を心配していたが、寄生虫の館を出る頃から雨が降ってきた。そして、春3月とはいえ肌寒い。寄生虫館の並び、多摩大学目黒中学校・高等学校の横道に入っていくと、一つ目の交差点の所から左斜めにクニョンと曲折していく一通路が口を開けている。これこそが往年の競馬場の外縁の道。奥へ進んでいくと、道幅の狭さも手伝って、トラックの円周感が伝わってくる。パカッパカッと馬のヒヅメ音を呟きたくなってくる。

ここに競馬場があったのは明治40年から昭和8年まで。以後、東京競馬の本拠は府中に移るわけだが、GⅡレースに「目黒記念」なんてのがあるのはそのせいだ。何かウマにまつわる物件はないものか……きょろきょろしながら歩いていたら、馬ではないが、猪熊という表札を立派な石門に掲げた古いお屋敷があった。外縁の道を半周したあたりの公園には、競馬場時代から……と由緒書きを施した桜の老木が植えられていた。

元競馬場前の停留所で次のバスを待つ。目黒通りの対面の側には木造2階建の古い家が4、5軒集まっていて、アンティークの家具屋なんかになっている。かつて競馬場門前の商店だった所もあるのかもしれない。

等々力操車所に着いた東急バス。ほんのひと頃まで、ここに都バスも停まっていたのだ。

バスに再乗車すると、車窓の景色は鷹番のあたりからアンティーク家具店に代わって、車のディーラーがどっと増えてきた。ちなみに鷹番の地名は江戸幕府の鷹狩りの番人小屋から付いたもので、あの〝目黒のサンマ〟の噺も徳川家光が碑文谷あたりの原に鷹狩りへ向かう道中のエピソード、といわれている。

自由が丘マダム御用達の高級スーパー「ザ・ガーデン」が見える「八雲三丁目」を過ぎて、等々力の領域に入った。大井町線を渡る陸

旧競馬場跡に設置された記念碑。

一瞬奥多摩あたりの渓谷を思わせる。赤い鉄橋はゴルフ橋。

なかなかスリリングな木橋のポイントも。

橋の手前で、バスは目黒通りを外れて駅の方へと入っていく。終点の「等々力操車所」まで行ってバスを降りた。今回のハイライトはもちろん等々力渓谷の散策。渓谷へ行くには一つ前の「等々力（駅前）」の方が近いけれど、バスマニアとしてはやはり終点における、バスの方向転換の場面などを目に留めておきたい。

駅前の方へと引き返し、お昼時なのでメシ屋を探す。結局、踏切を渡った右手、渓谷への入り口にある古民家づくりの中華料理屋「ざいもく家」に入った。ここ、昔来たときは和食屋だったような気もするが、窓越しに広がる庭と茅葺き小屋の景色は趣がある。

雨が小止みになるのを見計らって渓谷へ向かった。ゴルフ橋（昔、道奥にゴルフ場があったらしい）と名付けられた赤い橋の傍らから下の川岸に下りる階段がある。雨が降ったせいもあって水は濁っているけれど、深い崖地に雑木が鬱蒼《うっそう》と繁った、なかなか本格的な渓谷である。都心でも王子の石神井川にこういう地形の場所はあるけれど、向こうの方がもう少し整備されている。水流のすぐ脇に足元の悪い小径が続く、こちらの方がスリリングで面白い。しかし、当初のプランでは春めいた川べりの道をピクニック気分で歩く……という想定だったのだが、本日はいまにも雪が降り出しそうに寒い。川面でカルガモのつがいが身を寄せ合うように丸まっている。

ちなみにこの渓谷を流れる川は谷沢川といって、地図を見ると用賀の首都高のたもとあたりが水源。これといった池があるわけでもなく、まあ世田谷によくある小さな沢の一つだろう。そんな細流がいくつか集まってこういう渓谷をつくりあげている、というのも興味深い。

渓谷ぞいの道はやがて環八通りの下をくぐってさらに続く。しかし、悪天ゆえほとんど人とすれ違わない。小さな祠《ほこら》のある一角に入りこんだとき、30代くらいの男2人組と出くわした。

女性の組だとどーってことないのだが、この種の場所で見る若い男性ペアってのは、どことなく（新宿）二丁目のカップルを想像させる。

渓谷一番の見所は、進行方向左岸の崖地にある不動の滝。岩場に二つ三つ象《かた》どられた龍口から水が流れ落ちている。ちょぼちょぼっと、大した水量とはいえないが、雨降りだから、いつもよりは湧き出している方なのかもしれない。そして、そもそも等々力の地名は、渓谷に滝から流れ落ちた水が轟《とどろ》く……という形容がもとらしい。つまり、このあたりこそ等々力の源といってもいい。

近頃は“パワースポット”として知られる不動の滝。この崖上に等々力不動尊が祀られている。

東急バス
〈東京駅南口～等々力操車所〉

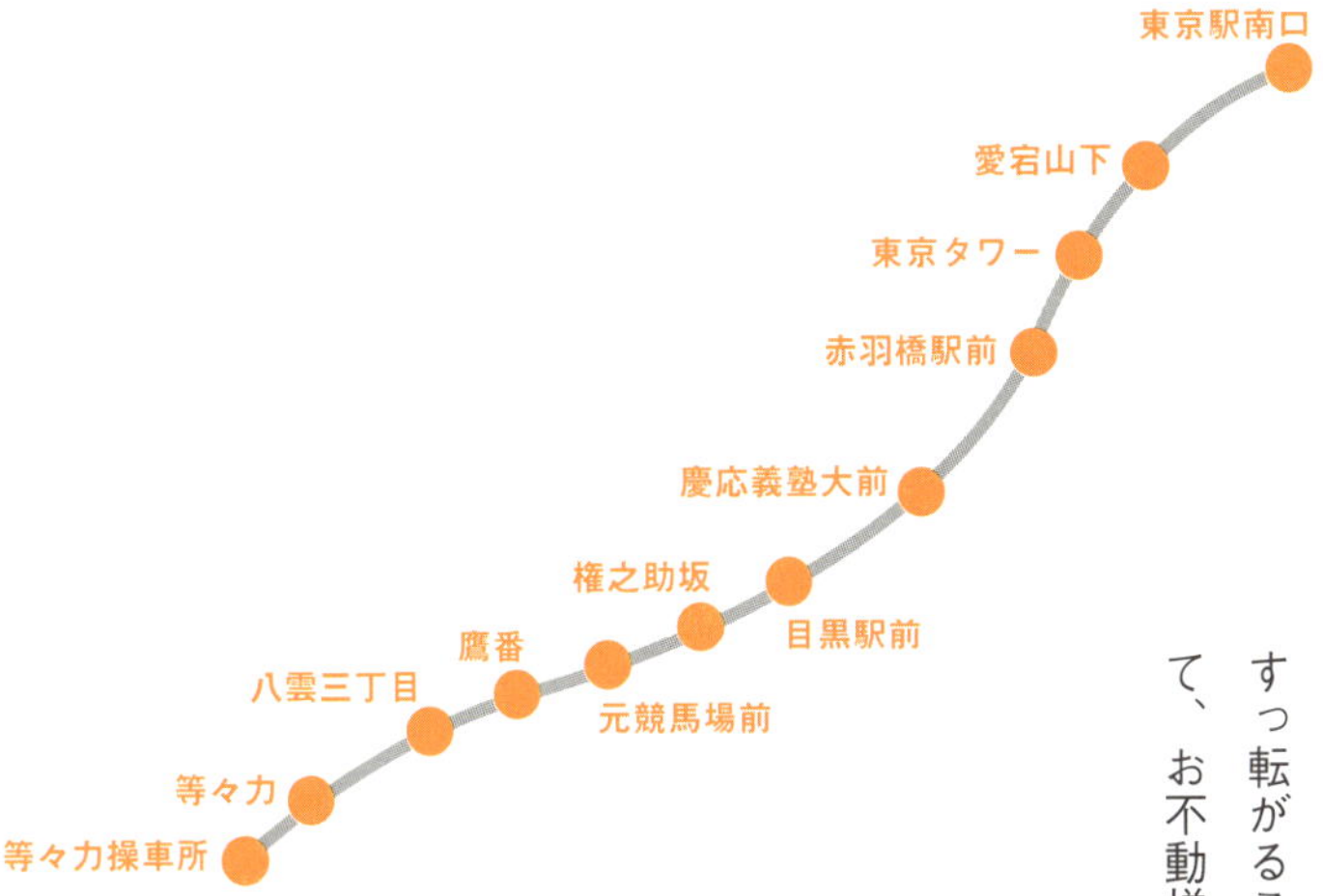

滝の脇の階段道を上ると等々力不動尊が祀られている。僕はもうまもなく還暦を迎えるが、ここまで危っかしい川べりの道を、すっ転がることもなく無事歩くことができた。今後の安全も願って、お不動様に手を合わせた。

03

お化け煙突の町と赤不動

都営バス

浅草寿町→足立梅田町

田原町駅近くの国際通りにある「浅草寿町」バス停。

「浅草寿町」を始（終）点にした都バスが3路線ほどある。え、寿町ってどこ？　かというと、地下鉄銀座線の田原町の所。ここ、雷門通りを使ってぐるりと周回しやすいので、バスの始点に採用されたのだろう。

銀座線の出口を出た所においなりさんやのり巻、ソース焼そば、なんかをやる古い大衆食堂があるけれど、そのすぐ先の停留所から足立梅田町行きのバスが出る。〈草41〉というこの系統は古い。手元にある昭和32年のバス路線表にもう載っている、都バス古参路線の一つ（当時は浅草橋発のものもあった）。そして、終点の「足立梅田町」ってとこも、一般的にはなじみのないレアな行先だろう。

さて、待合わせた場所がアーケードだったから良かったものの、今回もまたぞろ雨降りである。実は僕、以前雑誌でローカルバスの紀行を連載していたときも、6、7割方悪天候だった。なんてことを前回明かそうとする前に、担当編集のT氏が「雨男なんですよ、オレ」と告白した。今後も天候はあまり期待しない方がいいかもしれない。

国際通り（ビューホテル以前にあった浅草国際劇場に由来する）から言問《こととい》通りに入ったバスは、鬼子母神のある入谷の町を西進する。白く曇った窓を擦《こす》って外景を覗き見ると、入谷食堂、ときわ食堂……食堂名義の大衆的な料理屋が目につく。乗客も、大阪の下町にいるようなラフな格好のオッチャンが多い。

鶯谷の駅前陸橋の下をくぐって上根岸、東日暮里の繊維問屋街へと進む。その先のバス停、「大下」は、ほとんどの人がオオシタと読むだろうが、これはオオサガリ。昔の字《あざ》の名称なのだが、こういう古地名が残されているのも歴史深い路線ならではの妙味だ。

オオサガリを過ぎると三河島。韓国料理の看板が並ぶ駅前商店街の景色は、新大久保の町並をちょっと地味にしたような感じでもある。そして、都電荒川線が交差する町屋の駅前に差しかかる。沿道の商店も随分新しい雰囲気になったけれど、もう15年くらい前、初めてこの路線バスに乗ったとき、車窓越しに見つけた靴屋の看板のことが忘れられない。「流行ヘップと通勤靴」なんてキャッチフレーズが記されていたのだが、ヘップの意味がよくわからない。調べた末、『ローマの休日』でオードリー・ヘップバーンが履いていた、いまでいうミュール風のラフなサンダルの俗称で、公開された昭和20年代の終わり頃に流行したらしい。町屋あたりの靴屋さんが看板に掲げるほど、ヘップバーンを縮めた「ヘップ」のフレーズも流行したのだろうが、その靴屋ももはや見当たらない。やがて、通りの名にも付いている「尾竹橋」で隅田川を渡ると、「千住桜木」。ここで途中下車することにしよう。

じ〜っ…
「千住桜木」で降りたところで見張るおじさんたち。

千住桜木バス停付近には古渋い店がぽつぽつと残っている。

帝京科学大学門前に設置された〝お化け煙突〟のミニチュア。

ちょうどバスを降りた真ん前に、簡素な小屋があって、そこに交通安全運動の係をする御老人（すべて男）が5、6人、こちらをにらみつけるように陣取っていてハッとした。しかしこの沿道、平屋建の面白い看板の店が多い。古びたトタンの看板に〈金網〉とだけ記した店、雛人形店、さらに〈創業明治31年　流行の兆し！　世界の葉巻取扱ってます〉とキャッチを幌看板に掲げたタバコ屋……訪ねて取材を試みたいところだが、どこも建物だけ残して休業しているようだ。

そんな道ぞい、さっきバスで渡った尾竹橋の橋詰、帝京科学大学の玄関先に昔この近くに存在した〝お化け煙突〟の残骸とミニチュア模型が飾られている。

お化け煙突——東電千住発電所の4本の煙突のことで、（上から見て）平たい菱形状に配置されていたので、（横から）眺める角度によって煙突が重なり3本、2本……と数を変える。大正15年に建設されて、東京オリンピック前年の昭和38年まで稼働（39年夏撤去）した。

僕の家は東京でも西の方だったが、松戸（八柱霊園）にあるわが家の墓に墓参りに行くときに乗る常磐線の車窓から眺めた記憶がある。さっきバスで通り過ぎた三河島のあたりだったはずだが、当時は周辺に工場の煙突が多かったので、そういうのも数えて、「7本だ、8本になった……」と、弟と一緒にハシャいだ印象がぼんやり残っている。

元宿堰稲荷。欧米の観光客が反応しそうな赤鳥居が並んでいる。

火力発電所と隣接する元宿小学校の跡地にやってきた帝京のキャンパス、こういう産業遺跡を玄関に設置するとはなかなか感心な姿勢である。

そういえば、4本煙突のミニチュアの向こうに、ちょうど東京スカイツリーが入りこむはずなのだが、本日は雨で霞んでまるで見えない。

このキャンパス裏手の墨堤《ぼくてい》通りの方へ回りこむと、素朴な赤鳥居を並べた元宿堰《もとじゅくぜき》稲荷という神社がある。この境内にも〈旧千住四本煙突守護社〉と刻んだ木碑が立っているが、もう一つ〈『いつでも夢を』ストーリーのまち〉と刻んだのがある。橋幸夫と吉永小百合のデュエットで大ヒットしたあの曲、昭和38年に日活で映画化されたときのロケ地がすぐ先の荒川に架かる西新井橋の周辺だった。お化け煙突を背景に木橋の西新井橋を吉永小百合が渡るシーンなどが描かれている。

元宿堰稲荷の向かい側に〈コーヒー〉と白のれんを掲げた、木造2階建の渋い喫茶店が見える。突き出し看板には〈ミルクホール〉とも記された「モカ」というこの店は、以前に入ってお話を伺ったことがある。ちょっとした食事メニューもあったはずだから、ここでランチをいただくことにしよう。

いかにも人の良さそうな男がひとりで店をやっている。昭和36年に先代がここで開業、2階に暮らしていた店主は幼い頃にお化け煙突を目近に眺めた記憶がある。とくに、壊していたときの印象が強い、と以前に伺った。ま、お化け煙突よりは後の時代になるけれど、この店、まだTVゲーム（麻雀）を埋めこんだテーブルが残っているのが懐かしい。

メニューもクリームソーダ、みつ豆、いそべ巻……甘味も含めて昭和の大衆食堂っぽいのが並んでいるけれど、そんなレトロな食堂気分に合わせて、計4人でナポリタンとベーコンピラフってやつを二つずつ注文した。

（上）なんとも懐かしい雰囲気を纏った喫茶店。「ミルクホール」の呼び名は先代がそれ以前の時代を懐かしんで付けたそう。（下）喫茶店の定番といえば「ナポリタン」。想像通りの味は抜群の安定感。

さて、千住桜木でかなり長居をしてしまったが、先の交通安全運動の老人衆のいる小屋前の停留所でバスを待つ。待っているとき横道を覗き見ると、外壁の一角から柳がにょっきと突き出すように伸びた奇妙な家（小料理屋）が目にとまった。

再乗車したバスは、かつて吉永小百合も渡った西新井橋の新橋を渡って、一旦右折してから左手の狭い道に入っていく。入ってすぐのバス停は「放水路土手下」。荒川を放水路と呼ぶ人も少なくなったいまどき、貴重な停留所といえる。そして、次もこれまた素朴な「赤不動」。田舎バスの気分昂まる赤不動で降りて、その本拠に立ち寄っていこう。

バス通り右手の横道を入った先にある明王院《みょうおう》。このお寺の別称が赤不動なのだ。目白不動や目黒不動のように方角に関係した色ではなく、また本尊の不動の色が真っ赤なんてことでもなく、不動を祀った本堂の朱塗りの柱や欄干に由来するらしい。

とはいえ大きな屋根は緑色、壁も白だから、一見してあまり赤のイメージは伝わってこないが、近くに「不動製パン」なんていう名を冠したパン工場があるのを見ると、この赤不動、かなり古くから地域に浸透している物件と思われる。また、梅田の地名も、この寺の寺号・梅林山が源という。

この三つ先が足立梅田町の終点。バスの折り返し場のまわりにはコレといった店もない、寂しい場所だ。もう2、300メートルも行けば東武線の梅島の駅なのだが、そこまで行かず寸止まりになっているところがマニア心をくすぐる。しかし、そんなマニアのために都バスが路線を設定するわけはない。冒頭で書いたとおり、昭和30年代初めから存在

足立梅田町終点。工員さんたちがぞろぞろ乗り降りしていた時代がしのばれる。

する古い路線。昔の地図で調べると、このすぐ先に田辺製薬の大きな工場があったのだ。その従業員が主なターゲットになっていたのかもしれない。

田辺といえばアスパラ。「♬アスパラでやり抜こう～」、弘田三枝子がパンチの効いた声でCMソングを歌っていた頃の集団就職の工員たちが、仕事帰りにお化け煙突の町を通ってこのバスで浅草へ遊びに繰り出す光景なんぞを、ひとり勝手に想像した。

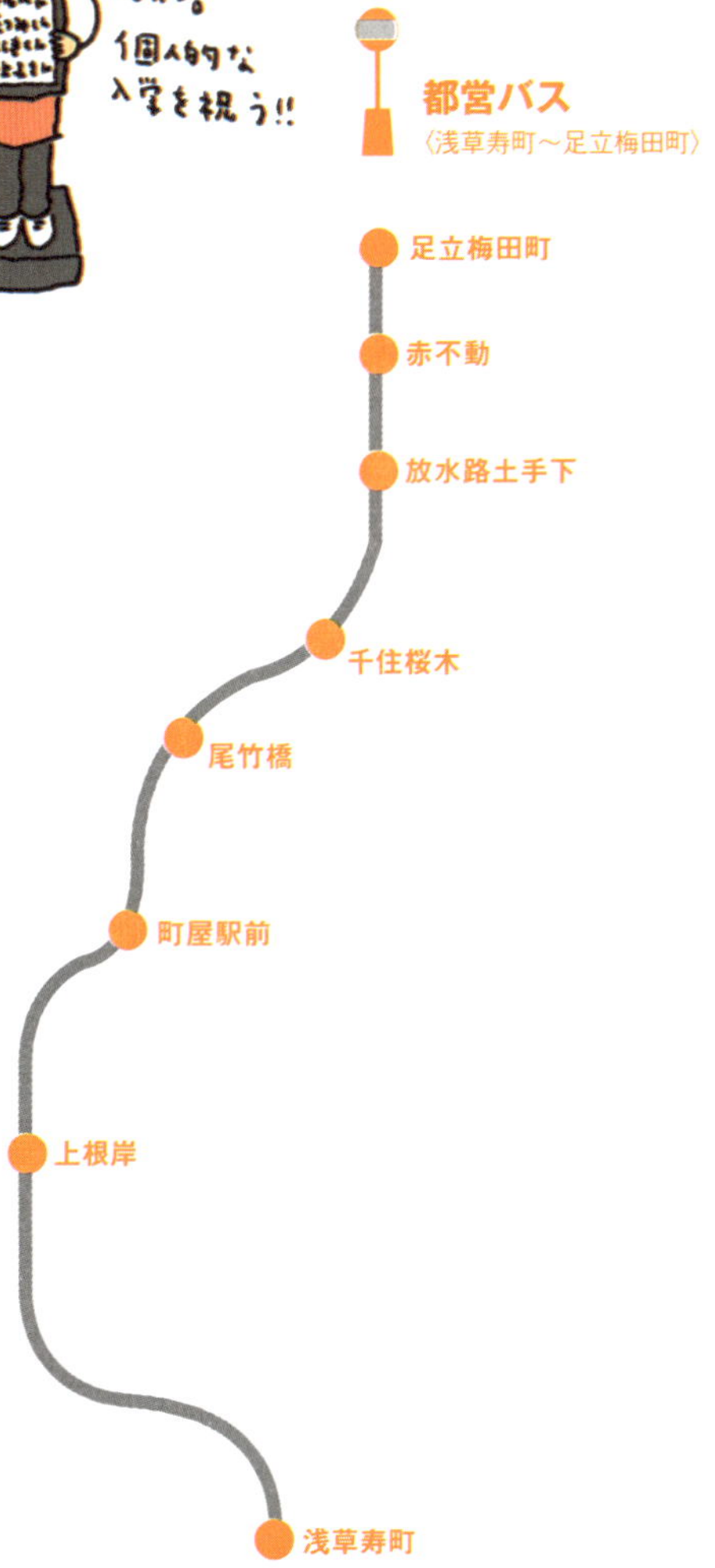

04

大泉学園　ナゾの物件地帯

西武バス

吉祥寺駅→新座栄、長久保→成増駅南口

吉祥寺駅の北口は西武バスと関東バスの乗り場で、反対側の南口は小田急バスの乗り場になっている。

吉祥寺駅の北口広場には、ひっきりなしにバスが入ってくる。南口は小田急バスが目につくけれど、こちら北口の勢力を二分するのは青い西武バスと赤い関東バス。武蔵野地域を代表する私営バスだ。

今回僕らが乗るのは、西武バスの新座栄行き。駅を出た目の前に乗り場がある。終点の「新座栄」は都境を越えた埼玉県新座市の領域だが、すぐ手前は練馬区大泉学園町。今回はそんな23区西北端のあたりを徘徊しようと考えている。

バスはハモニカ横丁やパルコを右に見て吉祥寺通りに出ると、やがて練馬区に入る。「立野町」の停留所でサッカー素材と思《おぼ》しきスカイブルーのサマーブレザーを着こなした、上品な老婦人が乗ってきた。僕の前に座っている老紳士も、シャレた帽子に何やら英字を記したカンバッチを付けている。NO MORE ACTION MORE HOPE……と読みとれる。

車内にお年寄りが多いのはいつもと同じだが、タイプは下町の方とかなり違う。

武蔵関の駅横の狭い商店通りを北上、突きあたった富士街道をちょっと石神井の方へ進む。「小関」とか「西村」とか、昔の字《あざ》らしき名の停留所が続くこのあたり、ほんの20年か前は広い畑が目についたはずだが、あっという間に宅地に変わってしまった。石神井学園前の交差点を左折すると、この道はずっと大泉学園の方まで延びている。

交差点に表示された石神井学園というのは実在するが、大泉学園って学校は存在しない。尤《もっと》も、大泉学園緑小学校やら大泉学園中学やら、公立の小中学校が町名の大泉学園を名乗ってはいるが、そもそも大泉学園とは堤康次郎の箱根土地株式会社が大正の終わりに計画した学園都市の名称で、武蔵野鉄道（後の西武池袋線）に駅を置いて住宅街を開発分譲したが、核となる学園誘致に失敗し、駅と町名にだけ名は残った。

とはいえ、学園都市のイメージがあったせいで、駅の北口からは北上する道伝いに美しい桜並木が植えられている。そんな並木道が始まる「学園橋」の停留所で途中下車、白子川を渡って〝したみち通り〟という旧道を少し行くと、23区内唯一の牧場がある。その名は「小泉牧場」。イチョウの木立ちの向こうに白黒まだらの乳牛の姿が見える、いまどきの東京では珍しい場所だ。

ちなみにこの牧場、ここの牛から搾《しぼ》った牛乳でつくったアイスクリーム（製造元は日野の牧場）を味わうことができる。牧場の入り口に置かれた、オープンエア気分のテーブル席に腰掛けて、コチンと凍結したアイスが

23区内に、こんな牧場があるとは！　元々の地主というわけでなく、牧場のために土地を購入して始めたそう。

（上）食事中の仔牛。まさに「ウメぇ～」という感じで必死にむさぼる姿は愛くるしい。（下）搾りたてのミルクでつくられたアイス。購入時はカチカチなので、5分ほど置いて溶かしてから食べると美味しい。

ちょっとやわらかくなるのを待ちながら場主にお話を伺う。

大泉で小泉牧場ってのはシャレのようだが、この場主の名が小泉さんであり、先代が岩手から出てきて昭和10年に開場したというから、地名との因縁はよくわからない。

現在ここにいる牛は仔牛も含めて50頭余り。仔牛というと、シロートはせいぜい2、3歳くらいを思い浮かべがちだが、乳牛で仔牛と呼ばれるのは生後2か月までで、メスは20か月（1歳半）くらいで最初の出産をし、つまりここからミルク（乳）を生産できるようになる。入り口に近い小屋に生まれてまだ1、2週間の仔牛が4、5頭並んでいたが、いや実に可愛らしい。そして、ゆるくなったこのアイス、ジェラート風の食感で実にうまい。とりわけ本日はこのバス取材では珍しく晴れて暑いので、アイスの冷やっこい感触がありがたい。

一つ先の「北園」でバスに再乗車。関越自動車道の架橋をくぐると周囲はマス目状にきちんと区画された、当初からの大泉学園分譲地に入る。「大泉風致地区」「都民農園」「天沼《あまぬま》マーケット前」「都民農園セコニック」……と続く、この独特な名前の停留所の並びも僕がバスに興味をもった半世紀ほど前から変わっていない。

この辺の散策が今回の一つのハイライトでもあるのだが、とりあえず終点の新座栄まで行ってみよう。

大泉学園の住宅街の領域を越えた、黒目川際の崖地の一角に新座栄の停留所はある。少し先に〈妙音沢《みょうおんざわ》／平成の名水百選〉の表示があって、道案内に従っていくと、クヌギやコナラの繁る雑木林の崖下に豊かな湧水地があった。妙音とは水の湧く音を表したのだろう。

いかにも郊外の停車場らしい新座栄のバス乗り場。スカイブルーの西武バスはこういう風景がよく似合う。

なかむら画伯の「きゃっ」という声に振り返ると、道端をスーッとヤマカガシらしきヘビの子供が這って落葉の溜りのなかへ消えた。この規模の雑木林ならば、真夏にはドキッと胸が高なる大物の昆虫に出会えるかもしれない。

湧水が注ぎこむ黒目川の横道を歩いて、さっきのバス通りに戻ってきた。都民農園セコニックの所まで来ると、商店街に入る。目にとまったそば屋で、とろろそば、冷したぬきそば……暑い日なので各人冷やもののそば（スタッフの若者だけはカツカ

「天沼マーケット前」とバス停にあるが、その本体はもはや閉鎖しつつある。消えゆく昭和物件……。

レーを爆食いしていた）を腹に入れ、向かいのスーパー「いなげや」の建物に目を向ける。

いなげやとジーンズのRight-on（ライトオン）などを収容したこの建物の隅っこに「SEKONIC」の文字が見える。これこそがバス停のセコニックの正体。カメラの露出計製造を本領にしたメーカーで、ひと昔前までここに大きな工場があったのだ（現在も、本社オフィスがある）。

しかし、いまのセコニックの看板は目立たないから、初めて来た人は何ぞや？　と思うだろう。実はほんのちょっと前まで、「都民農園セコニック」の行先を掲示したバスが吉祥寺によく入っていたので、この謎めいた地へ向かうバスに乗ろうというプランを立てていたのだが、先頃ほとんどが少し先の新座栄まで行く路線に変わってしまった。

その一つ手前の「天沼マーケット（前）」というのも、本体がどこにあるのかよくわからない。バス通りを往ったり来たりしても見あたらないので、歩いてきた古住人風の老人に尋ねると、横道にあるという。栄四条通り（ここはまだ新座市栄の領域）と名付けられた商店筋に「天沼マーケット新館」と記した建物を発見したが、唯一の商店らしき肉屋はシャッターを閉ざして、建物の半分は住民の休憩所のような施設になっている。なかにいた人に伺うと、昔は

バスにいた
上品な老婦人

田植えの途中のような
格好をしたおじさん

商店が集合した、にぎやかなマーケットだったらしい。

セコニックにしろ、天沼マーケットにしろ、その実体は薄れても、一旦定着した地名を大切に残す、というのが西武のやり方なのかもしれない。学園のない大泉学園とも通ずるものがある。そしてもう一つ、セコニックの上に付く都民農園、これも存在しないのだ。

ただの「都民農園」のバス停からちょっと西へ行った大泉公園にその経緯が記された碑が立っている。当初の学園都市構想では、宅地の一画に東京都民（当時・市民）向けの広大なレジャー農園を置くプランがあり、戦前一部が開設されたらしいが、戦後の農地解放で切り売りされ、大方が宅地化されてしまった。この小さな公園が農園の名残りらしい。

しかし、きちんとマス目に区画された住宅街、練馬区大泉学園町の区域ばかりでなく、一部が新座市栄にわたっているのは、農地時代の地主さんの関係なのだろうか……。

さて、最後に少し東方の「長久保」バス停の先にある「大泉中央公園」に立ち寄っていこう。先の大泉公園と違って、こちら中央公園の方は自衛隊の朝霞駐屯地に隣接して広大な緑地が続いている。ただし、今回の目当ては公園の外。成増駅南口行きの西武バスが通る、公園脇の道端に都区内ではレアな〈動物注意〉のタヌキ絵の交通標識が立っている。

さすが、練馬のさいはて。都民農園は消えたが、牛もいれば、タヌキも出るのだ。

〈動物注意〉の標識を発見。地域によってシカだったりクマだったりしますが、ここではタヌキが出没する模様。

05

馬込文士村の尾根道を走る

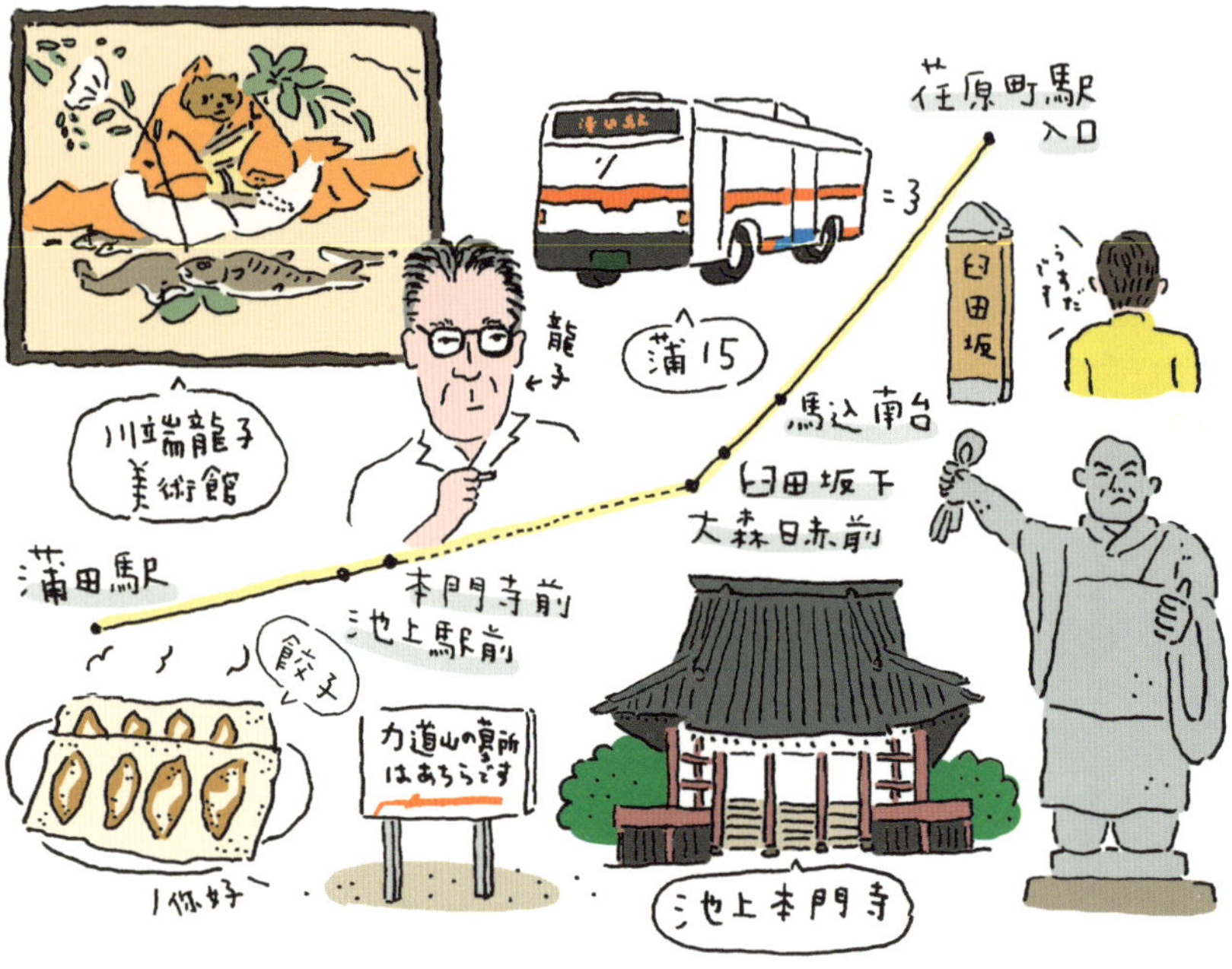

東急バス

荏原町駅入口→蒲田駅

かなり歴史を感じさせるサトちゃん人形。こういうポップドールは皇太子御成婚を祝して昭和34年からお目見えしたらしい。

かつて品川区の内陸の広い領域に「荏原《えばら》」という町名が付いていた。いまも首都高の荏原出入口とか荏原中延とか、いくつかの場所にその名は残されているが、荏原町というそのものずばりの駅がある。しかし、あそこは池上線だったか、目黒線だったか……あの辺の東急の線は混沌としていてよく迷うのだけど、正解は大井町線。今回はこのちょっと込み入った場所にある荏原町から蒲田方面へ行くバスに乗ってみようと思う。

荏原町の駅で降りると、線路の北側に法蓮寺という寺がある。今回立ち寄る予定の池上本門寺と同じ日蓮宗のお寺だが、ここは門前の解説板に「日詮上人《にっせんしょうにん》という住職が、鷹狩りの途中に立ち寄った徳川家斉《いえなり》と相撲を取って負かした」なんて、おかしなことが書かれている。

さて、乗車する東急バスの停留所は「荏原町駅入口」といって、この寺前の道を南の方へちょっと行った所にある。駅前が狭いので、少し離れた所を循環するコースになっているのだ。バス停に向かう途中、少し横道に外れた所の、元・薬屋（いまは何かの事務所になっている）の店先に年季の入った〝象のサトちゃん人形〟を発見、そば屋と指圧マッサージの看板がぽつんと見える、駅裏風情の停留所から〈蒲15〉系統のバス（20

17年2月28日運行終了。現在は〈森02〉荏原町駅入口〜大森操車所が運行中）に乗った。

ほぼいつも乗客の主体はお年寄りだが、このバスはとりわけ高齢度が高い。われわれを除けば、平均年齢80代くらいになるのではなかろうか……。車窓に見える街灯に馬込三本松通りと出ているけれど、やがて「三本松」という田舎風の停留所に停まった。すぐ向こうは環七を渡る陸橋（新馬込橋）。昔、この崖際あたりに三本の名松があったらしい。馬込に暮らした版画家の川瀬《かわせ》巴水《はすい》の木版画『馬込の月』にも描かれたが、戦時中に空襲の標的にされるのを警戒して伐採された（先に枯れた木もあった）と聞く。といった旧跡も存在するように、このバス通りは古い。とくに新幹線が上を走る馬込橋（本来は下を流れる小川の橋）と第二京浜を越えた先から道はいい感じに湾曲して、右手に〈馬込橋食糧〉なんていう終戦直後の配給米時代を思わせる看板を掲げた古い米屋が見える。

「長遠寺前」「万福寺前」……のどかな寺名義のバス停を通過、僕らは「馬込南台」で途中下車した。

この辺、道は丘陵の尾根を通っているので、両側の横道の口に〈16％〉とか〈18％〉とか、かなり急勾配の斜度を記した坂の交通標識が出ている。前回の〈動物注意〉に続いて、今回は〈18％〉の坂標識と

傾斜角度は驚愕の18度。

こういう米屋を見つけると、思わずタケダのプラッシーが飲みたくなる。

記念写真！　やがて下り始めるこのバス通りには〈臼田《うすだ》坂〉の道標が立っている。

「坂付近に、古くから臼田を姓とする人が、多く住んでいた関係から、この名が興ったといわれている」

あまりにベタな解説がおかしい。へへっと一笑に付して、ふと横目を向けた家の表札に「臼田」とあって、なるほど……と思った。

このあたりから大森の山王にかけて、作家や画家が集まって住んだことから俗に「馬込文士村」の呼び名がある。川端康成や石坂洋次郎の旧居跡プレートを見掛けたけれど、調べてみると彼らはほんの数年ばかり居ただけで、つまりビッグネームに頼って馬込文士に含まれている人物もけっこういる。ピークは大正の震災の頃から昭和1ケタの頃にかけてだ。

「臼田坂下」を右に入った所に立派な記念館とアトリエが保存された川端龍子《りゅうし》は、明治の終わりに近隣の入新井に来て以来、大正9年から80歳で亡くなる昭和41年まで臼田坂で暮らした生粋の馬込人といえる。

記念館に掲示された龍子の年譜を見て、同行の東京新聞のT君が声をあげた。若い頃、国民新聞社に勤務しながら挿し絵を描いていた……とあるが、国民新聞は東京新聞の前身の一つ、つまり龍子は彼の先輩にあたるのだ。

龍子の画風は幅が広い。重厚な日本画からコミカルな風刺センスが感じられるものまで。カワウソがコイなどの獲物を川岸に並べて悦に入る……『獺祭《だっさい》』と題した絵画が目に残った（展示物は季節によって変わる）。

向かいには、庭を携えた旧居とアトリエがある。凝った石畳の通路の先に長屋風の待合場を備えた母屋があって、その裏方に残されたアトリエの棟は昭和戦前からの古い建築という。広いガラス窓越しに見える板の間で池上本門寺の龍の天井画を描いている途中、老衰で死去したという。天井画は未完成のまま、本門寺の大堂に掲げられている。

川端龍子の旧居。アプローチの石畳も凝っている。

臼田坂の通りに出て、廃墟化した古風なパン工場を横目に一つ先の「大森日赤前」でバスを待つ。その名はすぐ近くの日本赤十字病院のことだが、昔から各所に存在した日赤病院をナンタラ日赤って感じで地名を入れて使ったバス停は日本各地によく見られる。

(左) バスの運転手に向けた警告板。蒲田行きのバスは極端に本数が少ないため、この先の分岐点で間違わないようにという注意だと思われる。(右)池上駅前で、恒例のバスの転回を拝見してから、最終地点の蒲田へ。

そんな大森日赤前のバス停、二股に分かれた矢印に〈経路確認〉〈方向確認〉と記した奇妙な警告板が付いている。一瞬ナンだ？　と思ったが、そうか、これはバスの運転手に向けたものなのだ。バスのルートにはこの先の丁字路を左折する大森行きと右折する蒲田行きがある。両者をかけもちする運転手がウッカリまちがえたりしたことがあったのだろう。大森行きの方が圧倒的に多いので、危険なのは蒲田行きの方と思われる（先述したように蒲田行きはその後廃止になった）。

なんてレアな蒲田行きに乗って、池上通りを西進、「本門寺前」で降車する。出桁《だしげた》づくりの軒下に手洗いの井戸が残る萬屋酒店の辻を過ぎて、呑川《のみかわ》の橋を渡ると正面に本門寺境内へ上る厳しい石段が控えている。

加藤清正が寄進したというこの参道口の石段、此経難持坂《しきょうなんじざか》という何度聞いてもおぼえられない難解な名が付いている。

96段の段数は法華経の宝塔品《ほうとうぼん》の詩句数にちなんだというが、その世界の知識にうとい僕は96段のありがたみはよくわからない。しかし、この急勾配で96段ってのは都内では珍しい。そして、こういう石段をひいこら上っていると、僕の世代は1970年代スポ根ドラマのウサギ跳び石段特訓のシーンを思い浮かべてしまう。

境内に入って、まずは仁王門の先の大堂に掲げられた龍子の天井画を眺めたい。これまで何度も来て、拝観したことはなかったが、堂に入ってすぐ上を仰ぎ見ると天井に青光りした龍の顔が描かれていた。未完成というのは、鱗《うろこ》がほとんど描かれていないあたりか……しかし、これはこれで納得できる。

広々とした境内、マメに散策していたらきりがないので、いつも欠かさず立ち寄るポイントへ行こう。五重塔の奥の墓地にある力道山の墓だ。ただの墓石だけなら何度も訪ねる気にならないが、墓前に建立された力道山の胸像がなんとも魅力的なのだ。力道山と同じ、おなじみの腕組みポーズをして写真に収まった。さらにもう一つ、石段際の一角に建立された日蓮聖人像。険しい顔つきをして、数珠を握った右手を高く振りあげたその佇《たたず》まいは力道山に負けず劣らずインパクトを放っている。

くずもち屋が点在する参道商店街を歩いて、「池上駅前」から再びバスに乗って終点の「蒲田駅」へ。時刻はそろそろ夕刻の5時。これまで昼どきの散歩を続けてきたが、今回は〝シメに蒲田の餃子で一杯〟という重要なプランがあった(この辺特有の黒濁した温泉銭湯をオプションで加える手もある……)。

蒲田餃子の名店はいくつかあるけれど、僕の贔屓《ひいき》は「你好《ニーハオ》」。しかしこの店は京急蒲田近く、バス終点のＪＲ蒲田(しかも西口)からはかなり遠い。時折、道案内に不安になりながら、

迫力満点の日蓮聖人像。長崎の平和祈念像で知られる北村西望の作。

（左）蒲田といったら“羽根つき餃子”。ビールとの相性は、いうまでもなく抜群。（右）你好本店。ひと頃の木造平屋の店がちょっと懐かしい。

ようやく你好本店に辿りついた。すぐ向こうの京急の踏切も消えて高架線に変わり、素朴な平屋だった店も随分シャレた感じに改装された。

ちなみにこの店の焼餃子、いまは〝羽根付き餃子〟のフレーズも掲げられているようだが、ひと頃は品書きにただ〝鍋貼《なべはり》〟と記されていた。文字通り、鍋に貼りついたパリッとした薄皮が餃子本体にノリシロのようにくっついてくる。日本語の造語と思っていたら、鍋貼（グオティエ）ってメニューが中国東北部にある……ってことを最近知った。

東急バス
〈荏原町駅入口〜蒲田駅〉

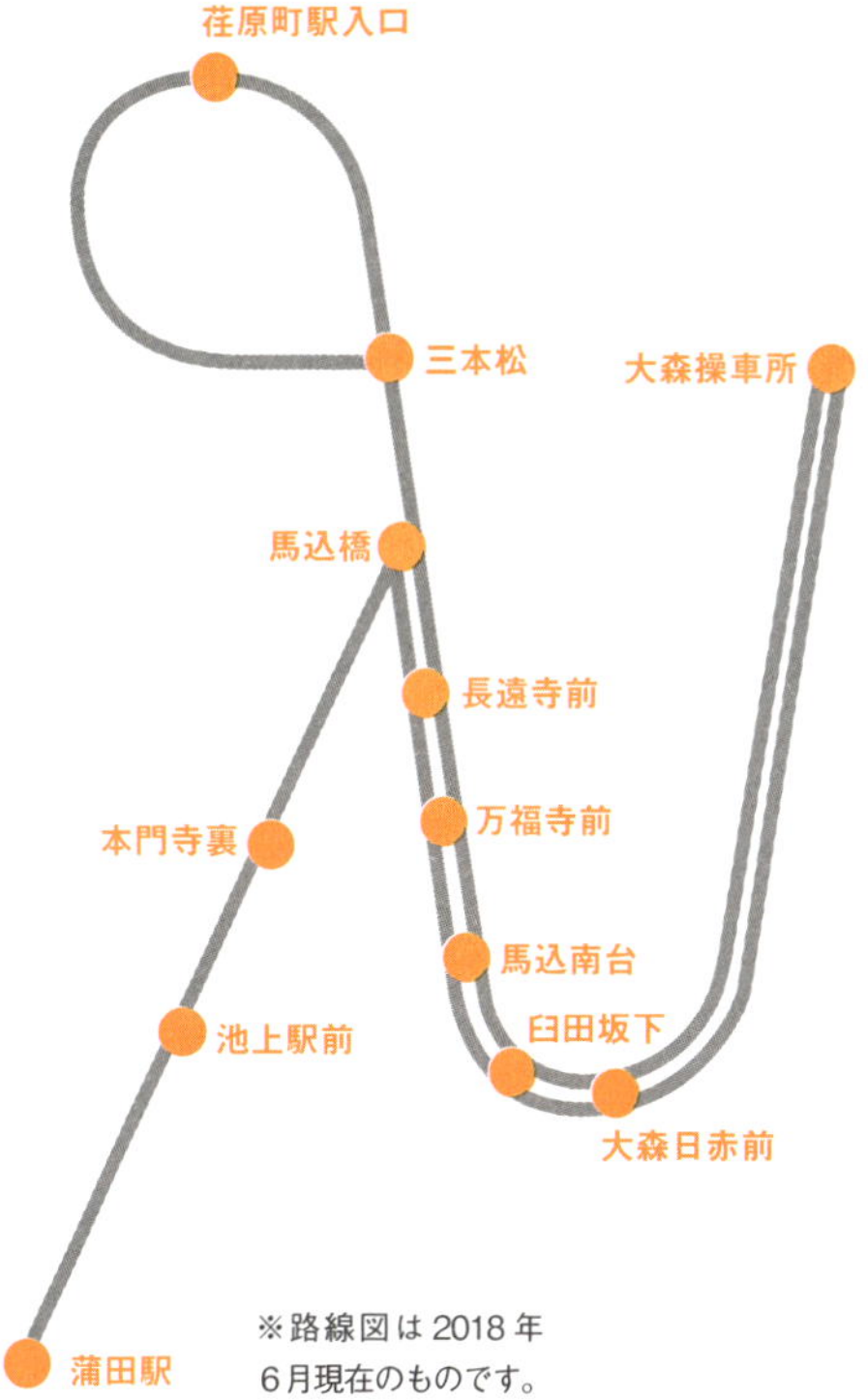

※路線図は2018年6月現在のものです。

06

夏だ！ 奥多摩だ！ 鍾乳洞だ！

西東京バス

奥多摩駅→鍾乳洞

夏ということで、ハイキング気分で奥多摩の方へ行ってみよう、と思いたった。もう20年近く前、奥多摩の駅前からバスに乗って日原《にっぱら》の鍾乳洞へ行った。趣味の昆虫採集をしながら、鍾乳洞に入って、洞内の冷気と外の猛暑のギャップを体感したことが忘れられない。

あの鍾乳洞行きのバスに乗ってみよう、と7月下旬に旅のプランを組んだ。例年ほぼ梅雨明けしている頃なのだが、ことしの梅雨はぐずついて当日も朝からどんよりと曇っている。そして、鍾乳洞で涼を取るまでもなく、涼しい。とりわけ山間部は雨に見舞われる、という予報なので、虫採りは断念した。捕虫網の代わりに、ダウンロードしたばかりの「ポケモンGO」で、奥多摩のモンスターを採集してやろうとiPadをカバンに入れた。え、ゲームするのに何故かさばるiPad？と思われるかもしれないが、僕はいまだガラケー派、スマホを持っていないのだ。

中央線、青梅線と乗り継いで、終点の奥多摩駅に到着した。洋風の山小屋センスの駅舎は戦中の昭和19年の築で、僕が子供の頃は氷川駅といった。今回乗る路線を含めて、駅前に出入りしているバスはすべて西東京バスだが、僕がバスに興味を持ち始めた幼稚園児の頃は、新宿から青梅街道を延々走って氷川まで行く都バスがあったはずだ。

駅前には氷川時代からがんばっているような、古い佇まいの食堂や土産物屋が割とよく残っている。そんな一角に伊勢丹の「伊」マークを

クラシックな山小屋風の奥多摩駅舎。1971年1月までは「氷川」の駅名だった。

珍しい交通標識シリーズは、「落石注意」の看板。鍾乳洞への道中、そこらかしこで発見。

掲げたスーパーマーケットを見つけたが、帰りがけにでも立ち寄ってみよう。駅横の大衆食堂で〝東京エックス入り〟と、青梅のブランド豚の使用を謳った肉うどんを注文、できあがるのを待つ。スマホにポケゴー（以降こう略す）を仕込んだ編集担当のT君やイラストのなかむらるみ嬢は、「わっ、この辺、モンスターいっぱいいる」「やっぱ山だからかな……」などと狂喜しながら狩りを楽しんでいるが、僕のiPadは容量の問題なのか、ワイファイの電波が弱いのか、「GPSの信号をさがしています」なんて表示が出て、一向に機能しない。そして、昼食を終えて外に出ると、案の定、雨が本降りになってきた。いつものお約束のビニール傘を手に、12時30分発のバスに乗りこんだ。フロントの方向幕は「日原」の地名も入れず、ただ「鍾乳洞」。鍾乳洞といえばココ、といわんばかりの自信が感じられる。

日原川の橋を渡った先の丁字路で、奥多摩湖の方へ行くバスは左に行くが、このバスは右へ進む。やがて、川向うの崖地に昔のSF映画のセットを思わせるような巨大工場が姿を現した。奥多摩工業という、このあたりの石灰採掘やセメント加工を代表する会社で、戦前に起業した当初は奥多摩電気鉄道といった。つまり、そもそも石灰岩運搬の目的で延伸された青梅線の源ともいえる鉄道会社

お馴染みのバスの転回シーン。今回の終着点は１車線の山道なので、いつもと違った緊張感が漂ってくる。

だったのだ。

　地図を見ると、このバスルート際の山ん中を、日原の方から採掘された石灰岩を運ぶ曳鉄《えいてつ》線（トロッコ）が描かれている。

　ところでバスの車中に目を向けると、だいたいいつもはお年寄りが主体だけれど、今回はさすがに若い。大学生くらいの男女、子連れの若いパパ、そして外国人グループ。男女入りまじった欧米系のこの6人組、インテリなのか？　オタクなのか？　6人中4人が度の強そうなメガネをかけている。

　右の窓から石灰岩工場が遠ざかっていく頃から、道は九十九折《つづらお》りの山道になった。このエッセー初めての本格的な山岳バスである。道は所々拡幅工事が進んでいるものの狭隘《きょうあい》な区間は長い。運転手の横にもうひとり、制服の男が付いているが、彼はすれ違いが困難な場所でバスを誘導したり、道端の様子をチェックしたり、昔の車掌のような役割をするのだろう。

　杉林の切れ間の渓谷際にマスやヤマメの看板を掲げた釣り場が見える。「岩松尾根」のバス停を過ぎると長いトンネルに入って、抜けると日原の集落。結局、20名ほどの乗客全員、終点の「鍾乳洞」でバスを降りた。

　見下ろすと吸いこまれそうな深い谷川に架かる小川谷橋というのを渡って、鍾乳洞へアプローチしていく道程はよくおぼえている。前に来たとき、この橋詰でコオニヤンマというオニヤンマをスリムにしたようなトンボを捕まえたはずだが、涼しい雨降りの本日はセミすら鳴いていない。

「落石注意」の警告が出た崖道をバス停から10分ほど歩くと、日原鍾乳洞の本体に差しかかる。階段を下った川の向こうに洞穴が口を開けている。

気圧の関係で、なかから冷気が外に吹き出しているが、肌で感じたとき「しまった、甘く見ていた」と思った。涼しいとはいえ、外の気温は25度くらいだったから、まぁ半袖でイケるだろうとアロハ調のシャツ1枚で来たら、この冷気はイメージよりかなり低い。傍らの解説板に「年中摂氏十一度内外……」とある。こういう日は、案外洞穴の方があったかいんじゃないかな……なんて、いいかげんなことを言っていた僕は後悔した。幸い、備えのシャツを何枚か用意してきたT君からウインドブレーカーを借りて、洞内に入ることができた。

ジャイアント馬場あたりは頭をこすりそうな背の低い通路（いま

いざ鍾乳洞へ突入！　なかの気温は10℃前後と気温差が半端ない。

だこういう喩《たと》えとなると馬場の名が浮かぶ）がしばらく続く。香炉岩、蓮華岩、鳩胸…と、周囲の岩にはけっこう細かくニックネームが付けられて、やがて開けたスペースに出た。

秋芳洞（山口県）や富士の風穴《ふうけつ》、氷穴《ひょうけつ》……他所の鍾乳洞や溶岩洞穴とイメージがごっちゃになっていたところもあったが、この日原はなかなか奥行きがある。そして、水琴窟《すいきんくつ》があったり、弘法大師学問所と名付けられた一角があったり、洞内スポットも面白い。最奥部（実際はもっと奥に続いているが一般客は入れない）の広々とした空間には、恐山を思わせる賽《さい》の河原が設けられ、石段を上った高い所に縁結び観音が祀られている。観音像のまわりには、女の子の人形を付けた東京大神宮のおみくじがどっさり置かれていたけれど、そういったパワースポットや縁結び散歩のコースに組みこまれているのかもしれない。バスの車中で一緒だったメガネの外国人合ハイグループと何度か鉢合わせしたが、彼らはこういう観音や仏像のある日本式鍾乳洞にファンタスティック感をおぼえるのだろうか……。

洞内の通路は8の字を描くように、旧洞と新洞の方へ行くルートに枝分かれする箇所がある。行きは旧洞を通ってきたので、帰路は新洞を廻るルートを取ったら、こちらは急な階段を上らされたと思ったら、逆に深い谷へ下っていく区間があったり、なかなかハードな道筋だっ

鍾乳洞内でもっとも開けたエリアはライトアップされていて、テーマパークのミステリーゾーンを思わせる。

伊勢丹マークの気になるスーパー。

日原川ぞいの崖上にはビジネス旅館が並ぶ。

た。竜王の間、金剛杖、おとぎの間、女神の間……傍らの岩場や窪みに付けられたニックネームもどことなくテーマパーク調で、ふとカリブの海賊がどこかに潜んでいそうな想像が浮かぶ。

息を切らせて、ようやく出口に差しかかると、むわっとした外気にふれた瞬間、編集のT君のメガネが真っ白に曇った。あの外国人グループのメガネも一斉に白くなったのだ……と思うと微笑ましい。

帰路のバスの時刻まで少し余裕があるので、鍾乳洞入り口の脇にひっそりとある一石山神社に立ち寄った。寂れた境内とその背景に見える岩肌をごっそり削られた石灰鉱山のコントラストが目に染みる。そして、こんな山奥の鄙《ひな》びた神社まで、ポケゴーのポケストップ（小道具がゲットできる）に指定されている。

奥多摩の駅前に着いて、相変わらず雨がやむ気配はないが、少しあたりを散策していこう。例の伊勢丹マークのスーパーは、品揃えこそ普通の町のスーパーだったが、店員さんに伺ったところ「社長が伊勢丹の株をいっぱい持ってんのよ」と、言っていた。まぁ実際、もっと何らかの関係があるのだろうが、かつて新宿〜氷川間のバスが走っていたように、新宿との地理的なつながりが連想される。

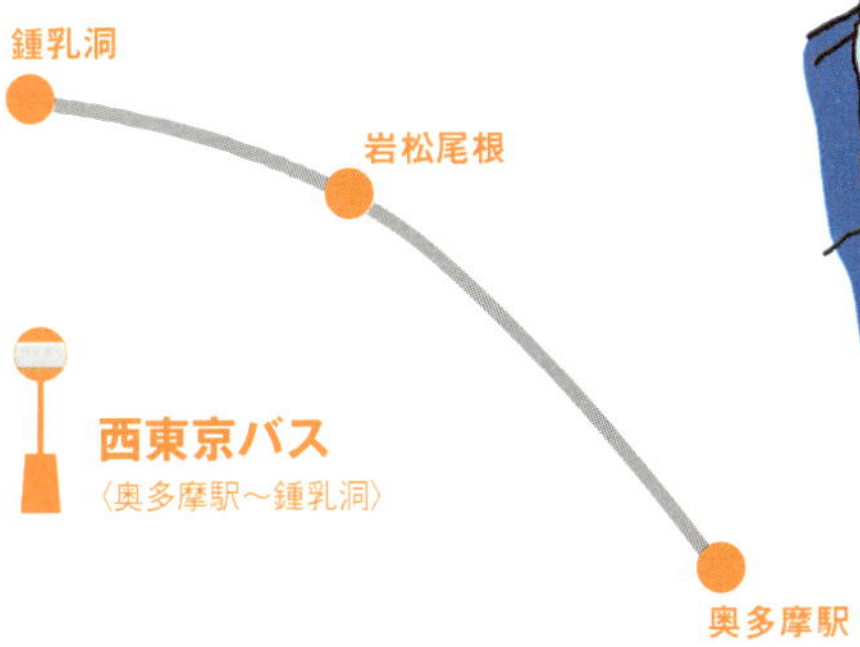

「三河屋」という古い料理旅館の看板が出た八百屋の脇道を下って、日原川の小さな吊り橋を渡り、川べりの草深い散歩道を通ってまた町道の一角に出てくると、駅裏の方までけっこう小さな旅館が点在している。温泉や料理をウリモノにした観光客相手の所もあるのだろうが、石灰採掘やセメント加工で栄えた頃からの商人宿も存在するに違いない。鍾乳洞といい、青梅線といい、石灰岩とともにある地域なのだ。

07

葉山　青春の海岸通り

京急バス

逗子駅 → 葉山

前回の山は雨に降られたので、そのリベンジで海へ行ってやろうと思いたった。8月下旬、逗子から葉山行きのバス旅行の日は珍しく晴天に恵まれた……と、スッキリ書き出したいところだが、実は当初旅程を組んだ日はまたしても悪天。ま、多少の雨くらいはもう馴れているけれど、ただの雨ではなく台風が旅先の三浦半島あたりを直撃しようとしていた。天候に屈するのはシャクだけど、列車やバスが止まってしまっては話にならない。

そんな経緯があって変更した旅行日は、久しぶりに濃密な青空が朝から広がっていた。ウキウキ気分で予定より1本早い湘南新宿ラインに乗って逗子駅へ着いた僕は、駅の周辺を少し散歩した。駅前から鎌倉方向へ行くなぎさ通りの一角に、若い頃に何度か立ち寄ったチャヤ（日影茶屋）の喫茶店があったはずだ。珈琲と名物のスワンシュー（白鳥型のシュークリーム）でも味わおうと探したが、心あたりの場所はスタバに変わって、よく見ると店内にチャヤのケーキ売り場だけが残されていた。

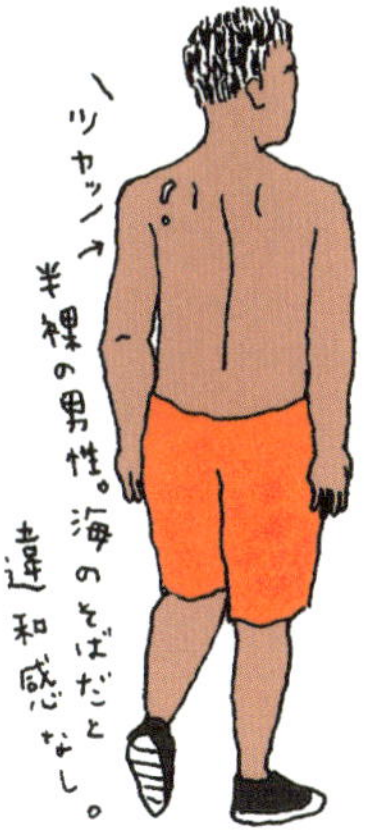

逗子から葉山方面へ行くバス（京急）には、昔から〈山回り〉と〈海（海岸）回り〉の路線がある。長者ヶ崎の方へ行くには、直線的なコースを往く山回りが早いけれど、ルートとして面白いのは後者。海岸づたいの狭隘《きょうあい》な道をくねくね進んでいくのがバス好きにはたまらない。所々に由緒ある古集落の名を留めた停留所があるのも魅力的だ。

逗子駅前にやってきた“海岸回り”の葉山行きバス。京急バスのカラーは夏の海がよく似合う。

「海岸回り　葉山一色」と行先を掲げた、お目当てのバスがやってきた。晩夏の平日とはいえ、久方ぶりの晴天なので、一目で〝海水浴〟とわかる軽装の若者が多い。僕がヘビロテで葉山へやってきたのも、彼らと同じ年頃の大学生の時代だった。

　その時代は大して気にとめることもなかったけれど、田越橋を渡って海岸へ向かう横道に入ったあたりから、趣きのあるバス停が続く。「六《ろく》代《だい》御《ご》前《ぜん》まえ」――ってのは、平家最後の嫡男の墓（近くにある）を意味するようだが、御前の「前」とカブるので、後の「前」はかな書きにしたのだろう。海際の崖脇に「切通し下」というのがあって、その次の「鐙摺」で途中下車する。

　あぶずり、と読む難字のバス停。鐙《あぶみ》とは馬の鞍《くら》の脇に垂らす器具のことだが、コレはただの鐙ではなく、あの源頼朝が乗っていた馬に由来するものらしい。この近くの小山を頼朝が乗馬して登っているとき、道が狭くて馬の鐙が何かに摺《こす》れた……なんていう一説がある。鐙摺には、冒頭でふれた日影茶屋（1661年創業の料亭）の本拠があるが、建物（本店客室棟の母体は1923年築）を見下ろす、道向かいの標高25メートル程の小山が鐙摺の源（旗立山）という。駐車場の隅っこの草

旗立山の中腹から見下ろした日影茶屋。大杉栄が愛人に刺された場所、としても知られる。

もはや日本人に
見えない、
派手派手グループ。
夏を全身で満喫中

深い階段から山道を登ってみたが、クモの巣まみれになってリタイヤした。

鐙摺港に面した白亜のレストラン「ラ・マーレ・ド・チャヤ」の先あたりからは、東京中日スポーツをはじめとするスポーツ新聞御用達の釣り舟屋や食堂が並び、旗立山の裏方にかけて、素朴な神社や古い酒屋がぽつんとある漁村集落らしい町並みが仄《ほの》かに残っている。

鐙摺港の奥に広がる葉山マリーナは、1964年の東京オリンピックのセーリング競技の会場として設けられた施設。この前の停留所からまたバスに乗ると、やがて元町の商店街に差しかかる。最近のカフェなどもぽつぽつと見受けられるが、湾曲した道筋にサンダルや浮き輪を並べた昔ながらの海の店がまだがんばっているのがうれしい。

「森戸海岸」でバスを降りて山側の路地へ入っていくと、三角屋根のアトリエ調や年季の入った木造洋館……戦前からの別荘地らしい建物が目にとまる。こういうクラシックな洋館探しをするのも葉山散歩の醍醐味といえる。森戸の海際には森戸神社という立派な神社が置かれているが、松並木の参道の一角にサーフショップが店を開けているあたり、いかにも湘南らしい。

ぎりぎりの狭い海岸通りをバスは走る（葉山元町付近）。

森戸神社。参道の一角に海辺の町らしいサーフショップがあった。

漁港のある真名瀬《しんなせ》の先の「芝崎」から再乗車したが、相変わらず車中は夏着の若い男女グループでムンムンしている。右手に葉山御用邸の重厚な塀が続く、山側の道との合流点に「葉山」の終点がある。下山橋の脇にバスの折返し場があるけれど、このあたりの雰囲気はおよそ40年前の大学時代とほとんど変わっていない。

大学で入っていたサークルは、この先の長者ヶ崎海岸の一隅でキャンプストアーと称する模擬店を夏の間、運営する。店内には簡素なステージがあって、例年新人歌手のキャンペーンが仕込まれたりするのだが、僕がそういう催物の係を任されていた大学3年の夏、デビューしたばかりの大場久美子がやってきた。若いマネージャーと2、3人の取り巻きをつれてバスに乗ってきた彼女を、この折返し場の所で出迎えたことが忘れられない。そして、すぐ向こうの横道に見える「山海亭」という小さな食堂の佇まいも当時のままだ。

いまは〈葉山海岸通り〉の表示が出ている国道134号をちょっと行くと、石垣の間の階段を上った所に学生時代、寝泊まりしていた合宿所があった。荒れ果てた神社の境内に置かれた町の古い公民館を借りていたのだが、行ってみるとこの建物もそのまま残されていた。

開いた玄関戸から、そっと奥を覗き見ると、なんと短パン姿の若者が1、2人、汚ならしいフトンの上に寝転がっている。気味が悪かったので声はかけなかったけれど、後輩の学生に違いない。しかし、この合宿所の建物、40年前に既にオンボロだったのに、よくもっている……（実はこのほんの数日後、世間を騒がす不祥事がここで発生、サークルも廃部になってしまった）。

葉山公園へ行く横道に入っていくと、やがて雑草が繁った海岸の入り口に出くわす。キャンプストアーは、まだ開かれていた。とはいえ晩夏の平日、お客は僕ら4人だけ。ジンジャエールを注文してウエートレスの仕事をする女子部員に、サークルのOBであることを告げて「1977年、39年前の夏……」と言うと、ポカンとしている。もう、その古さもはっきりしない世代なのだ。

沖に向かって堤防が突き出し、右手の方角に逗子から鎌倉、江の島へと向かう海岸線が望める……この景色も懐しい。そちらを背景に記念写真を撮ろうとしたとき、昔、同じような午後の時間に大場久美子ちゃんと海を背に撮ったスナップが、逆光で黒ずん

葉山の思い出の合宿所は昔のまま健在だった……。

慶応キャンプストアー、最期の姿。

でしまったことを思い出した。

青春時代の思い出の海景色があまり変わっていなくてホッとした。ここで紀行を終えてしまうのは、ちょっとセンチメンタルなので、最後にもう1箇所訪ねてみよう。御用邸の前の停留所で、こんどは山側の方へ行く逗子駅行きのバスを待つ。「旧役場前」、「葉山大道」の丁字路を過ぎて、「向原」のバス停で降車。葉山散歩の醍醐味は古い洋館探し……と書いたけれど、この通りに門を開けた「あけの星幼稚園」の奥に「イエズス孝女会修道院」の素敵な洋館が保存されている。

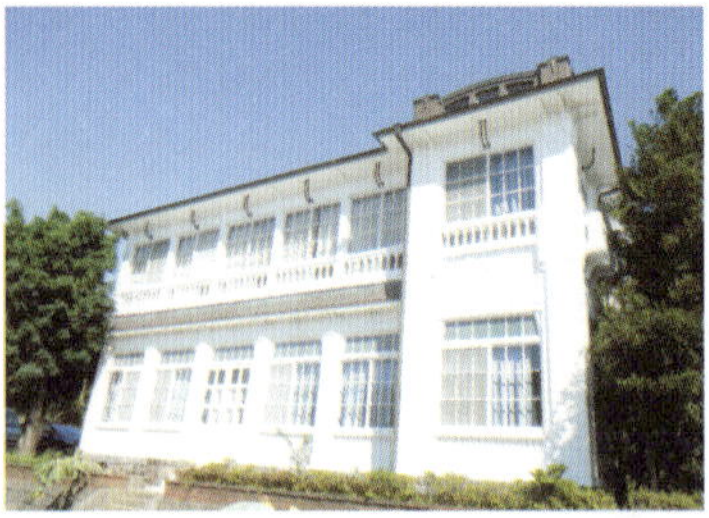

イエズス孝女会修道院の美しい白亜の洋館。いまにも讃美歌が聞こえてきそうだ。

修道院の事務所を訪ねると、修道院らしい独得の雰囲気を漂わせた高齢の女性が現れて、「院長がさっき出掛けちゃったのよ、どうしようかしら……」と少々迷いながらも、鍵を持ってきて奥のクラシックな建物へと案内してくれた。

幼稚園の裏手に建つ白塗りの壁と渋い赤屋根が印象的な木造洋館は、そもそも大正3年（1914年）に東伏見宮の別荘として建設されたもので、戦後、イエズス孝女会の修道院として使われるようになった。一時期、取り壊しが決まっていたこともあって、正面のポーチを覆い隠すように幼稚園が建てられてしまったのが景観的には残念だが、横から

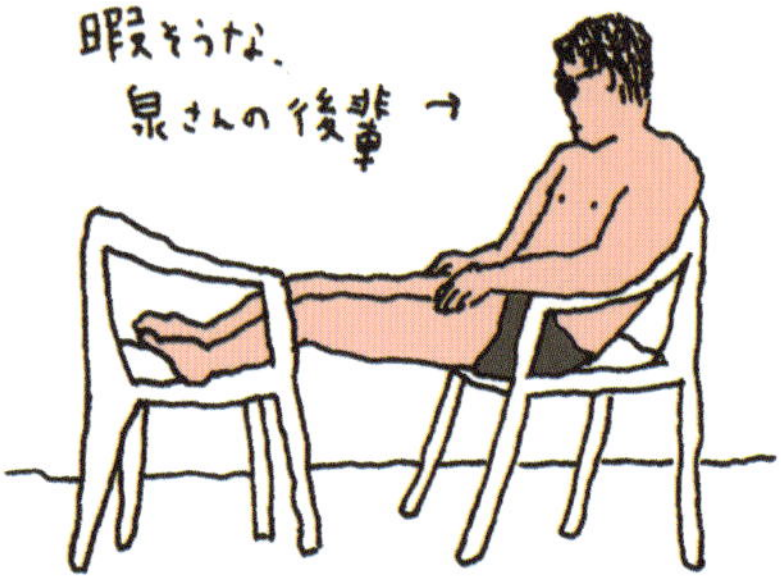

の眺めも充分美しい。館内も、2階に東伏見宮が利用していた畳間が残されていたり、応接室にマントルピースの名残りがあったり、和洋折衷のセンスが見てとれる。

こういう環境にいると、ふと長野あたりの遠方の避暑地を訪れたような錯覚をおぼえる。すーっと吹きぬけてきた風が、心なしか涼やかに感じられた。

※修道院の見学は事前に問い合せをお願いいたします。イエズス孝女会修道院　TEL 046-875-0459

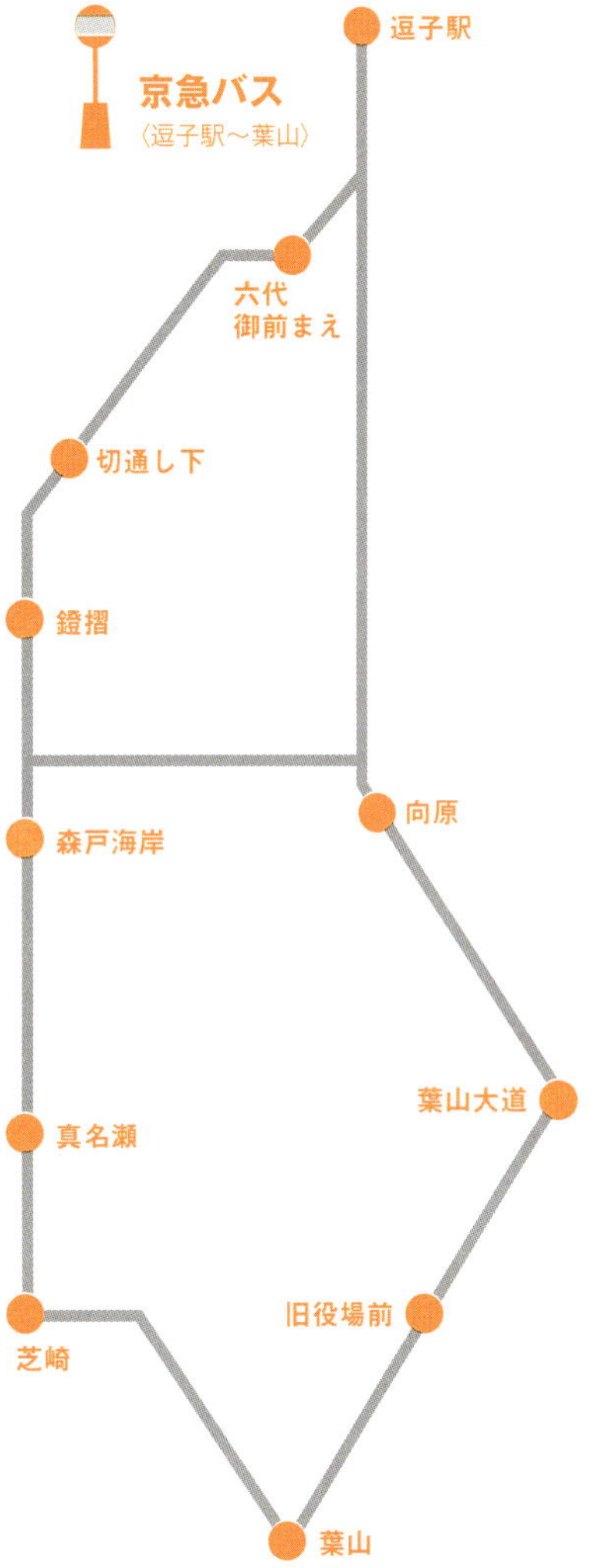

08

奥麻布の裏名所を訪ねる

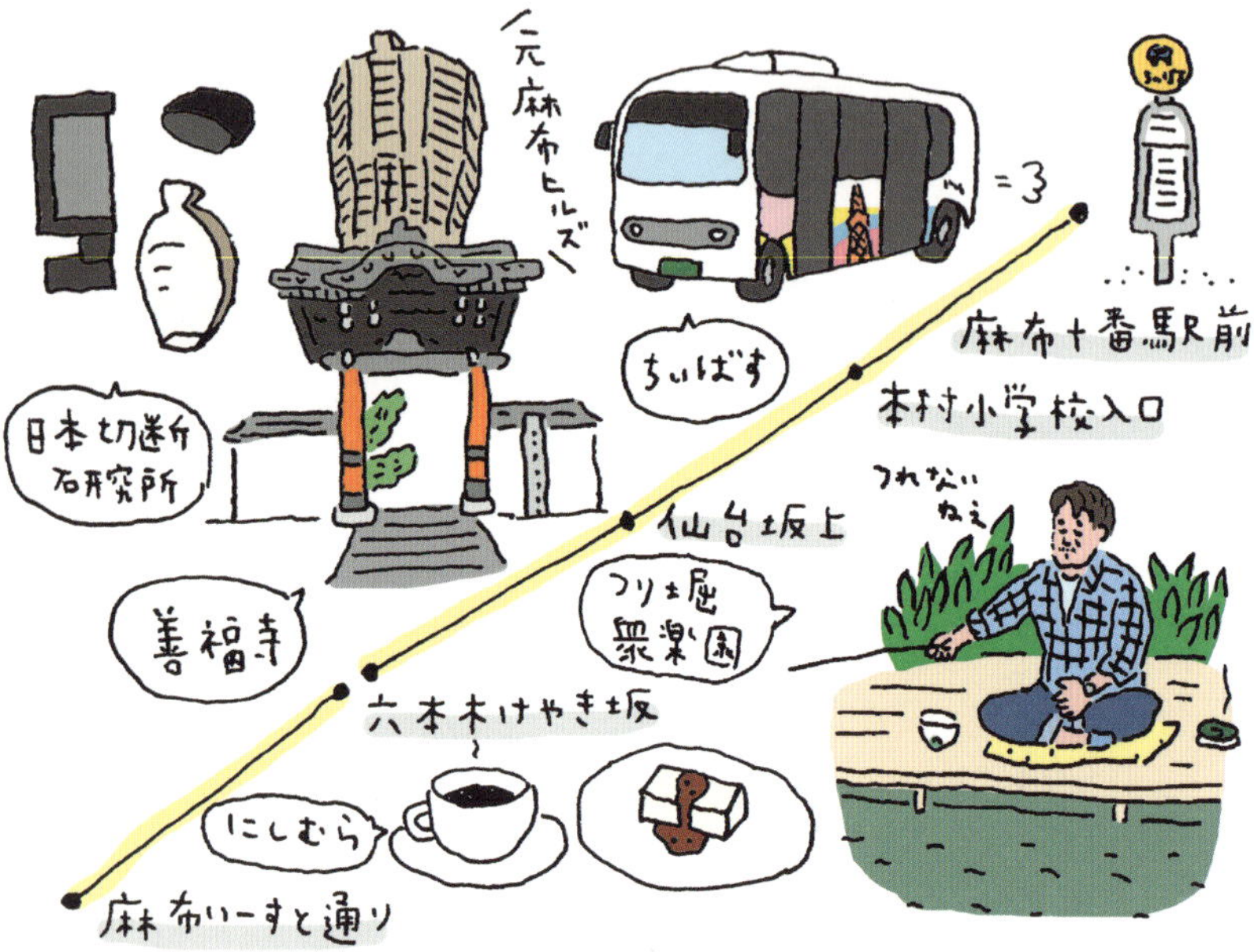

港区ちぃばす

麻布西ルート、麻布東ルート

六本木や赤坂のあたりを歩いていると、時折「ちぃばす」というコミュニティーバスやその停留所に出くわす。表通りから外れた裏道に入っていくようなルートもあって、なかなか興味をそそる。調べてみると、港区全域にわたって8つの路線が組まれているようだが、今回は〈麻布西ルート〉と〈麻布東ルート〉に乗って、麻布のディープ地帯に足を踏み入れようと思う。

2路線とも循環式のルートなので、どこから乗車してもいいのだけれど、集合場所は麻布十番にした。ここから西ルートに乗るつもりだが、その前にちょっと十番の町を散策しておこう。

地下鉄が2路線中継するようになってから、人通りもどっと増えた麻布十番商店街。そもそも十番の地名は元禄時代、いまの自然教育園の敷地に松平讃岐守《さぬきのかみ》の御殿を建てるため、古川ぞいに設けられた土木工事の人たちの飯場の号数に由来するという。そして、商店街西方の丘への入り口には善福寺という東京屈指の古刹がある。

麻布山善福寺の山門。江戸幕末期の境内にはアメリカ公使館が置かれ、あのハリス公使が在留していた。

町のおこりは古川の方に出た馬市という説も聞くが、当然この善福寺の門前町の性格もあっただろう。昭和30年代頃まで、寺の門前の旧山元町の一角に料亭や待合が集まる花街も存在した。

　平安時代の824年、弘法大師こと空海が高野山に見たてて麻布山に開いたとされる善福寺、始まりは真言宗だったが、鎌倉時代に親鸞《しんらん》が訪れ、その後浄土真宗に改宗。境内にはその親鸞がついた杖が源……なんていう伝説のある古木・逆さイチョウが植わっている。ちなみに、参道入り口の柳の木の下の井戸には、空海が杖を立てた所から水が湧き出た……なんて由来が記されていたから、親鸞と空海の両者に気を遣ったのかもしれない。

ちぃばす・麻布十番バス停。

　逆さイチョウのすぐ目の前に越路吹雪の碑が置かれていたが、ここにわが母校・慶応義塾の福沢諭吉先生の墓もある。本堂の向こうに聳《そび》え立つ高級タワーマンション・元麻布ヒルズとのコントラストが印象的な景色を描き出しているが、これからバスに乗って、そちらの方へ向かうのだ。

　首都高横の大通り（最近、麻布通りと名付けられた）の一の橋際の停留所で、広尾方面へ行く麻布西ルートのバスを待つ。ところで、このすぐ近くに「日本切断研究所」というインパクト満点の看板を掲げた物件を見つけた（ショーケースに、切断された様々な物品が展示されている）。

思わず目を引く「日本切断研究所」の看板。『あらゆる切断に挑戦する』の文字が頼もしい！

白地に可愛らしいイラストがちりばめたちぃばすは、「二ノ橋」の所を右折、仙台坂を上っていく。さっき善福寺の向こうに見えていた元麻布ヒルズを右手に、麻布運動場の横を通り過ぎると「愛育クリニック」。いわゆる産科の名門・愛育病院だ。オナカが目につく妊婦さんが乗り降りしていたが、マタニティースタイルもどことなくリッチに見える。

「有栖川宮記念公園」の緑を左手に木下坂を下ると広尾の駅前。ここで運転手さんが男性から女性に交替したが、大きなオナカのお母さんに連れられた坊やが、降りていった初めの運転手さんの行き先を窓からずっと目で追っていたのが印象的だった。バス好きの男の子はこういうのが気になるのだ。

バスは「天現寺橋」の交差点を左折して「光林寺」。この寺は、先の善福寺にアメリカ公使館が置かれていた幕末、ハリス公使の通訳をしていたヒュースケンという男が近くで薩摩藩士に刺殺され、葬られた墓所として知られる。その先の一方通行路の入り口に差しかかったとき、こんなアナウンスが流れた。「この先、大きく左に曲がり、急な坂を上ります」

うーん、バス好きは思わずワクワクする。バスは狭隘《きょうあい》な新坂を上って、少し道幅が広がった所に僕らが降りる「本村小学校入口」の停留所が設置されていた。ぐるりと迂回してきたので、もうほんのちょっと先は、1度通過した「仙台坂上」のあたりだ。

降車して、ちょっと新坂の方へ後戻りした所の立派な石塀の角を左に曲がる。武家屋敷のような塀に囲われたブロックには、現在フィンランド大使館と有栖川清水という料亭が建っているが、戦前は華族の鷹司家の邸宅、戦後は藤田観光の富士ホテル、さらに麻布プリンスホテルなどに利用されてきたハイソな場所なのだ。

歩いていくと、そのうち右手に区立の本村小学校、そして見落としそうな路地の口の電柱に〈つり堀　衆楽園　ここ入る↓〉なんて看板が出ている。入っていくと、どんづまりに野天の釣り堀「衆楽園」がひっそりと門を開けている（残念ながら2018年5月閉園）。

僕がこのレアな釣り堀の存在を知ったのは1990年代の初め頃、その後何度か立ち寄っているけれど、素朴な佇まいは変わっていない。周囲にもさほど高いビルはなく、坂上側に崖地を覗かせて、寺の墓地が広がっているのがいい。

昭和の初めに開業したというこの店、昔は井伏鱒二《いぶせますじ》みたいな老主人（2代目だったか？）が小屋にいて、「はじめは湧き水の池だった」なんて話を伺ったおぼえがあるけれど、昨年亡くなった……と、若い女店主（娘さんか、あるいはお孫さんか？）が教えてくれた。

魚の主体はヘラブナ。1時間・600円から。僕は昆虫採りには自信があるが、釣りは全くの下戸で、これまでここで1度も釣りあげたためしはない。しかしまぁ、久方ぶりにちょっ

南麻布の奥まった谷地に、ひっそりと釣り堀は存在していた。いかにも水が湧きそうな場所である。

担当のＴ氏が釣った小型のヘラブナ。「当たりを感じたとき、竿を上にあげるのでなく、後ろに引くといいですよ」とセオリーを教示された。

とトライしてみよう。

ところでこの釣り堀、環境はのどかでいいけれど、そういう場所ゆえヤブ蚊が多い。品書きにも掲げられた蚊取り線香を買って、池の一角に陣を備えた。

ちょうど対岸で、僕らより前から70歳くらいの老人が糸を垂れているけれど、どうも成果は芳しくないようだ。

妙に緑っぽい色合いの練り餌を針にくっつけて、糸を放つ。しかし、魚は目に見える浅い所にけっこう群れていて、針が沈んでウキが水面に整う以前にパクっと餌を食い逃げされてしまう。僕となかむら画伯は全くやられっ放しだったが、編集のＴ君はひと頃まで釣り関係のコーナーを担当していたらしく、馴れた感じで指示を出す。

「もっと早く、ウキがビクッとくる瞬間にスッと手前に引く……」

手本を見せようと、釣りざおを手にしてまもなく、あっさりヘラブナを釣りあげた。彼の姿がこれほど頼もしく見えたことはこれまでにない。

僕も1匹ぐらいゲットしたかったものだが、例のごとく雲行きがあやしくなってきたので、引きあげることにした。

仙台坂上まで歩いて、来るときと反対方向のバスを待つ。このあたりは、衆楽園と反対側の一角（マンションの敷地内）にも、がま池という古い池が残されている。つまり、丘地の間に水の湧く窪地が入りくんだような地形、ということなのだ。

六本木ヒルズのメインストリート、「六本木けやき坂」の停留所で麻布東ルートのバスに乗りかえる。すぐ目の前はルイ・ヴィトンのブティック。バス停の前にスーッと黒いベンツが横づけされると、ヴィトンから出てきた見るからにセレブな女が執事みたいな男にサポートされて、後部席に乗りこんでいった。

乗車したバスは、六本木ヒルズ内の地下通路をぐるりと回ってからけやき坂を下り、少し先の急峻な鳥居坂を上る。麻布のちぃばすは、坂道の上り下りがハイライトといってもいいだろう。

ロアビルの所で外苑東通りに出て、飯倉片町から首都高ぞいの坂を下って、一の橋手前で東麻布の方へ入っていく。

「麻布いーすと通り」、と通りの名前を付けたバス停で降車した。この辺はかつて森元町といわれた飯倉台地の崖下の古い町で、島崎藤村の昭和初期の随筆『飯倉附近』などにも描かれている。自動車部品の町工場、そば屋、八百屋、クリーニング屋……ちょっと先に東京タワー

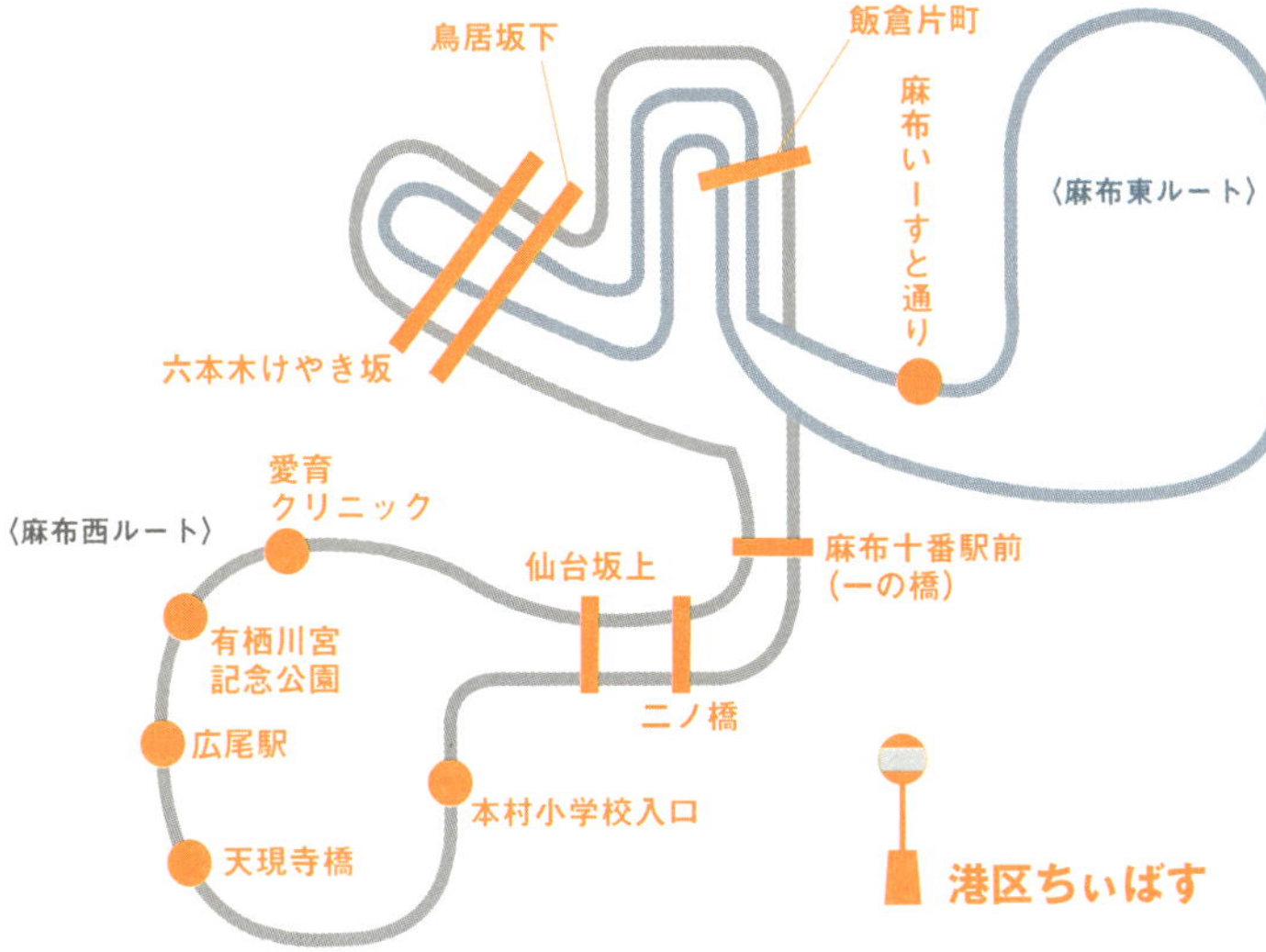

が見えるあたり、あの『ALWAYS 三丁目の夕日』の舞台をふと彷彿させる。素朴な商店街に見つけた「にしむら」という喫茶店で一服。ベテランのマスターがひとりで切り盛りする店だが、鎌倉山のチーズケーキをわざわざ入れているあたりシャレている。

バスはこの先、東京タワーから増上寺を迂回して、六本木の方へ進んでいくようだが、今回のバス乗りはここで打ち止め。ところでこのちぃばす、運転席後ろのパネルに日本語の他、英語、韓国語、中国語で停留所が表示されるのだが、麻布いーすと通りの中国語名が妙に気に入ってしまった。

麻布东路――上海や香港の裏町っぽくて、なんかいいんだよね……。

09

秋の深大寺 そばと天文台の森

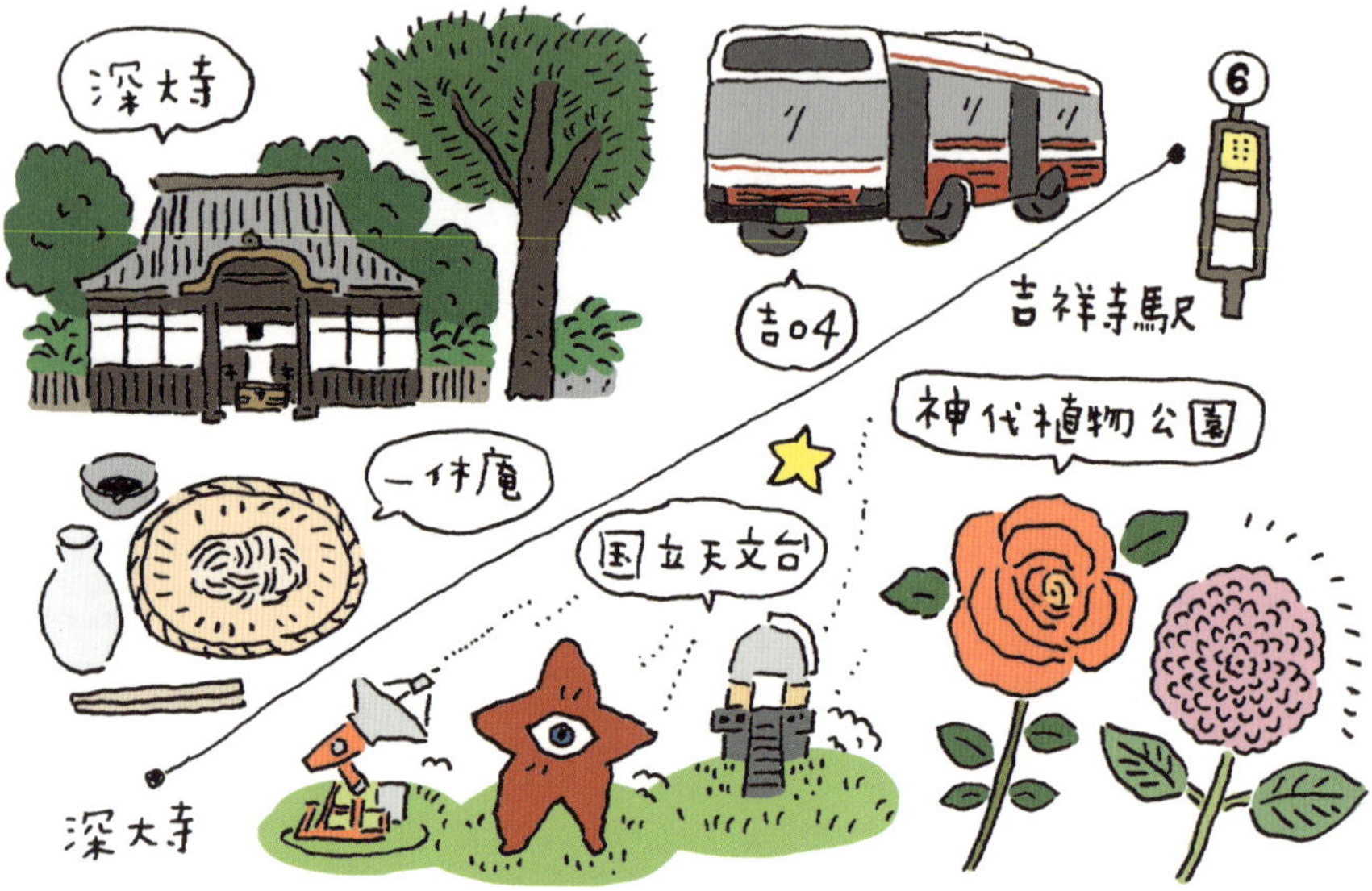

小田急バス

吉祥寺駅→深大寺

南口駅前の狭路を
抜ける小田急バス。

吉祥寺は前に北口から大泉の方へ行く西武バスに乗ったことがあるけれど、今回は南口。西武バスと関東バスが目につく北口に対して、こちら南口は小田急バスの独壇場、しかも駅を出た目の前の狭い一方通行路に次々と大きなバスが入ってくる光景が面白い。

乗車しようと思っている深大寺行きのバスも、当初この狭い所に乗り場があるのかと思ったら、ここは通勤ラッシュ時の降り場専用のようで、正式のバス停は井の頭通りに並んでいる。深大寺行きの出る6番乗り場の真ん前はドン・キホーテ、当日はハロウィーンの少し前ということもあって、オレンジ色のカボチャグッズや仮装マスクがずらりと陳列されていた。

ところで、次々とやってくる小田急のバス、関東バスより少し深い赤帯の塗装は昔から変わらないが、僕が子供の頃はボディーの真ん中に銀の犬のエンブレムが張り付けられていた。いまも貸切バスには犬エンブレムが使われているようだが、路線バスから消えたのはちょっと寂しい。

さて、乗車した深大寺行きのバス、吉祥寺通りに入って井の頭公園の緑のなかを抜けていく。車内はけっこう若い人が多い。玉川上水に架か

門前を流れる小川に水車を看板がわりに置いたそば屋もある。

る萬助橋を渡ると、左手の森のなかにジブリ美術館が見えてくる。いかにもジブリファン……と読んでいたフワッーとした感じの女性２人組は、手前の「万助橋」バス停で降りて、案の定ジブリの建物の方へ入っていった。

やがて、バス停に「下連雀」の名が続くようになってくる。神田須田町のそばの「まつや」や「やぶそば」、「いせ源」や「松栄亭」などの歴史深い料理店が密集する一画を〝連雀町〟と昔の町名で呼ぶ人がいるけれど、三鷹の下連雀や上連雀は明暦の大火で焼け出された神田連雀町の人々がこのあたりに移住したのに由来する。

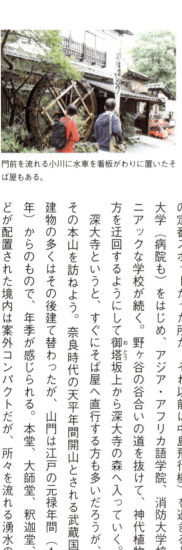

バス停にある「ＮＴＴデータビル」（ここは昔、プリンスや日産自動車の工場で社会科見学の定番スポットだった所だ。それ以前は中島飛行機）を過ぎると、杏林大学（病院も）をはじめ、アジア・アフリカ語学院、消防大学校と、マニアックな学校が続く。野ヶ谷の谷合いの道を抜けて、神代植物公園の方を迂回するようにして御塔《おとう》坂上から深大寺の森へ入っていく。

深大寺というと、すぐにそば屋へ直行する方も多いだろうが、まずはその本山を訪ねよう。奈良時代の天平年間開山とされる武蔵国の古刹、建物の多くはその後建て替わったが、山門は江戸の元禄年間（１６９５年）からのもので、年季が感じられる。本堂、大師堂、釈迦堂、鐘楼などが配置された境内は案外コンパクトだが、所々を流れる湧水の小川が

深大寺裏山の駐車場に往年の清張小説のシーンを思わせる、古めかしいブルーバードが駐まっていた。

目にとまる。いまどきの武蔵野ではかなり豊かな水量と思われるけれど、さすがに多少はポンプ回遊などの人工的な仕掛けを施しているのかもしれない。

そして、そういう環境をうまく利用して、境内周辺には野趣な佇まいのそば屋が何軒も散在している。マップで一見して、20軒くらいあるだろうか。そもそも江戸時代、寺が参詣客のもてなしに振る舞った……とか、将軍家光が鷹狩りの折に寺で出されたそばを気に入った……とか、由来には諸説あるようだが、なんといっても水の良さが深大寺そばのウリモノだった。

僕らが入った「一休庵」は、玄関先の小川に水車が回り、ガラス張りの一室で職人がそば打ちする様を見せている、なかなか本格派の店。一休の屋号に合わせて、小麦粉1、ソバ粉9の割合の一九そばってのを看板メニューにしている。まずまずの味だったが、さすがに材料のそばをこの辺でつくっているわけではない(水生植物園内に観光目的のそば畑はあるが)。それとなく伺ってみると、福井あたりの産地のものが多いという。

「でも、使う水はここの湧き水ですよ」

店員さん、自信たっぷりに言った。

深大寺の湧水については、愛読する松本清張もよく小説のなかで描写する。とくに有名なの

東京都立神代植物公園。入園料は大人500円。

は『波の塔』。不倫する青年検事と年上の令夫人のデートシーンで、東京の隠れ里めいた深大寺付近の景色が効果的に描かれている。2人はそばを味わい、雑木林を歩いて神代植物公園の方へと散歩するわけだが、小説は昭和30年代中頃に書かれたものだから、あたりはいまよりもずっと草深かったのだろう。鬱蒼とした林の広がる深大寺周辺は、清張作品の殺人現場の定番地でもある。

僕らも境内の裏山の方を通って、神代植物公園へ向かった。途中、とある駐車場に『波の塔』の時代に発売された初代ブルーバードがぽつんと駐まっていた。

神代植物公園は確か幼稚園の遠足で初めて行った記憶があるが、昭和36年秋の開園というから、思えばあれはできたてホヤホヤの頃だったのだ。郊外の新宿御苑、といった感じの園内は、さくら園、あじさい園、つつじ園、しゃくなげ園……と何種もの植物のブロックが置かれて、季節ごとに花が愉しめる仕組みになっている。かえで園というのもあったから、晩秋には紅葉目当ての客も訪れるのだろう。

取材当日のメインは、ばら。噴水まわりに設えられたばら園に、デスティニィ、ブルーリバー、プリンセスミチコ、天津乙女……和洋折衷の名を付けた様々なばらが花を咲かせている。その先にダリア園を見つけたとき、編集担当のT君の目がキラリッと輝いた。

「夢色ダリア、ありませんかね？」
なんでも一枝に異なった色柄の花をつけるダリアらしい。その名を掲げたダリアは見当たらなかったが、思わぬところで彼がダリアマニアであることを知った。

植物公園を西側の正門から出て、大沢の天文台の方へ行く横道に入った。この辺は、広い庭で園芸植物や植木を作っている家が集まっている。そう、『波の塔』の2人も深大寺からこの付近を歩いて天文台の方へ行っているから、半世紀前に清張も歩いているに違いない。

園芸農家が途切れた先には、芝生の庭でバーベキューパーティーなんかやりそうな、アメリカナイズされた住宅が並んでいる。そんな一角に「伯母」という珍しい表札のお宅を見掛けた。ここの家のオバさんは、オバさんのオバさん、ということになるのだろう。

国立天文台も深大寺の方から続く、国分寺崖線《がいせん》の丘陵の一端に存在する。もう僕の子供時代から東京の天文台といえばここだったが、三鷹の外れに移設されたのは関東大震災後の大正末年のことで、それ以前は麻布台のロシア大使館の裏手にあった。前回行った東麻布界隈の崖上に存在したのだ。

豊かな森に囲われた敷地内には、開設当初からの建造物、さらに遡《さかのぼ》って麻布時代から使っ

植物園でひときわ人気を集めていたのは食虫植物のウツボカズラ。

広い原っぱにポツンと置かれた巨大な百葉箱のようなものに興味津々。その正体は“子午線標”とのこと。

ていた観測装置なども残されている。僕は決して天体に明るい人間ではないけれど、コンクリート棟にドーム型の屋根を載せた古建築群を眺めるだけでも面白い。深い森のなかに点在する環境も神秘性に拍車を掛けている。

特撮映画の愛好者として、三鷹の天文台というと、大映の初期特撮の傑作とされる『宇宙人東京に現わる』を思い出す。僕が生まれた昭和31年初頭の公開だから、もちろん初見したのは後年のことだが、東京に襲来するパイラ星人という宇宙人たちに、川崎敬三演じる観測士たちが三鷹の天文台を根城に立ち向かう。星形に大きな一つ目のパイラ星人、若き岡本太郎がデザインしたことでも話題になった。

映画の天文台はさすがにセット主体のようだが、歴史館として資料展示されている大赤道儀室の館内の様子はどことなく似ているから、ここをモデルにしたのかもしれない。

1921年（大正10年）に作られた第一赤道儀室。ここでは1938年から実に61年間もの長きにわたり太陽の黒点観測が行われていた。

ちなみに、敷地内の物件で妙に気に入ってしまったのが、草っ原の窪地にぽつんと置かれた「子午線標」という小屋。どうやら、近くの「自動光電子午環」という建物と連動したもので、小屋内に観測で使う〝光源〟が収められていた……らしいのだが、これを書いていてもその理屈がよくわかっていない。

ともかく、草原のなかの子午線標のあたりには、パイラ星人が飛来してきてもおかしくないような摩訶不思議なムードが漂っていた。

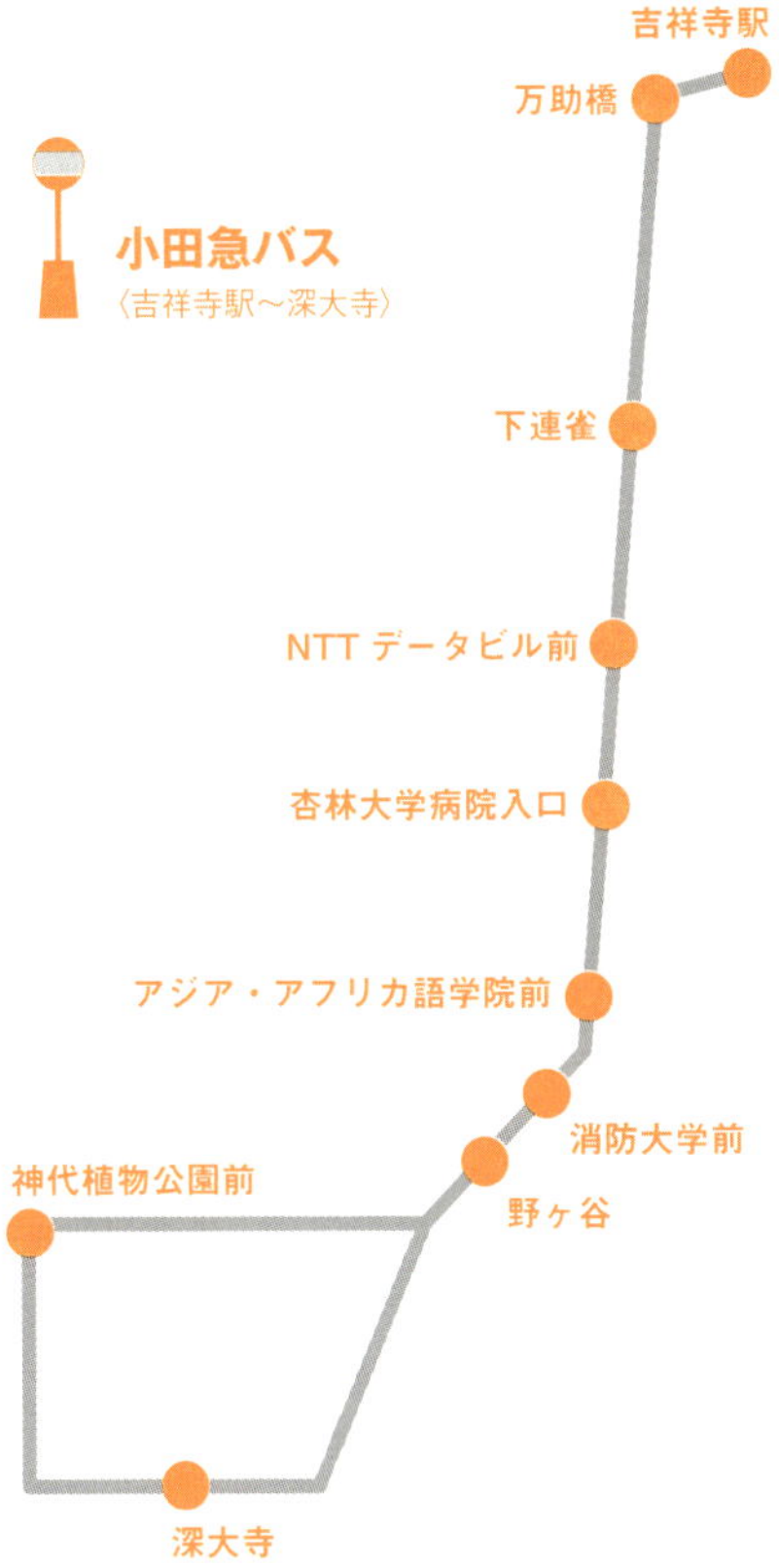

10

葛飾水元　しばられ水門紀行

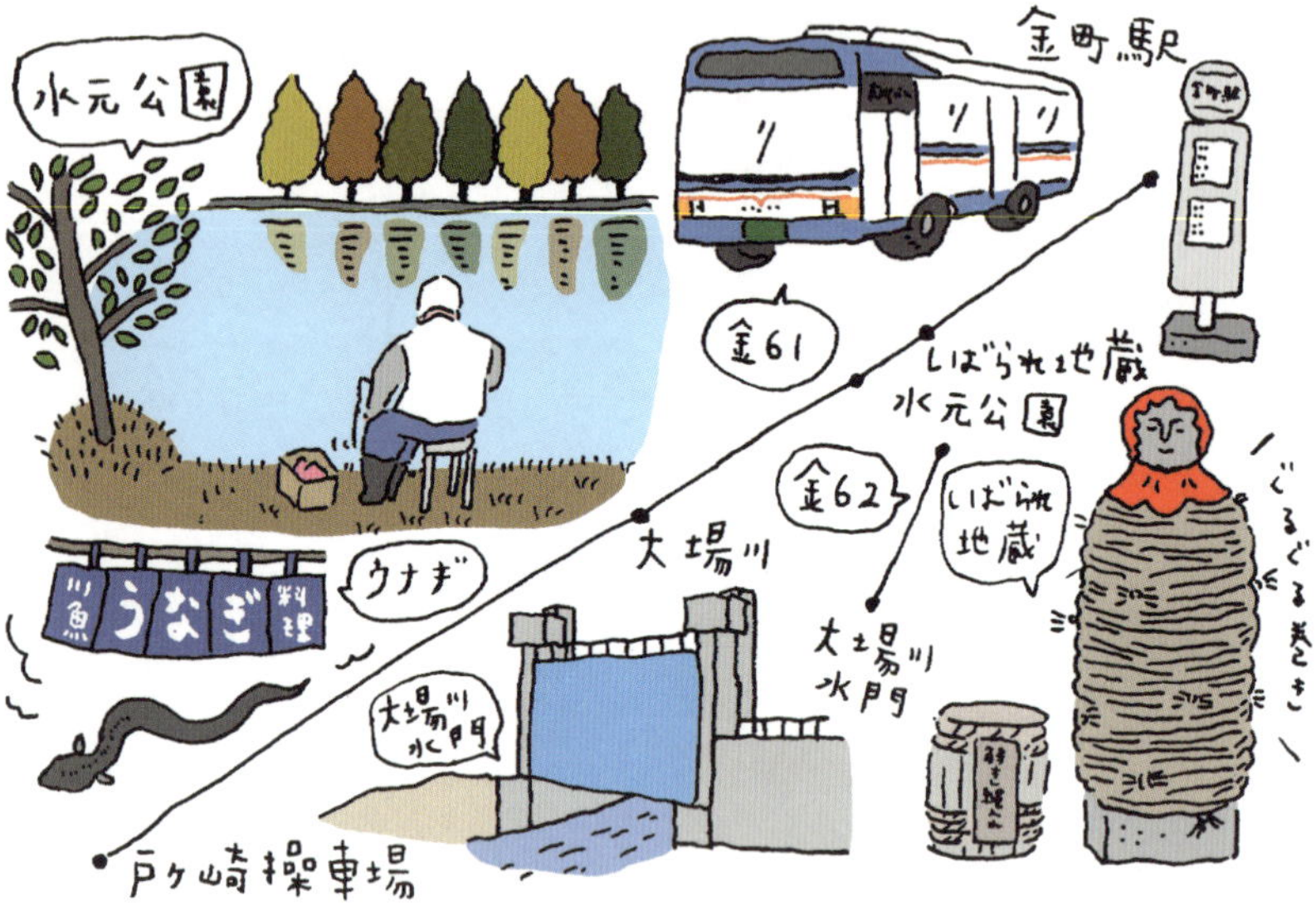

京成バス

金町駅→水元公園→大場川水門

常磐線（千代田線）の金町へやってきた。ふつうここに来たら、京成電車に乗って柴又の帝《たい》釈天《しゃくてん》にでも行くのだろう……と思われるかもしれないが、われわれの進路は反対の北だ。このエッセー初登場の京成バスに乗って、水元公園の方面をめざす。

進路は北だが、乗車する戸ヶ崎操車場（あるいは八潮駅南口）行きの〈金61〉系統のバスは南口から出る。常磐線のガードをくぐって北側へ出ると、東金町4丁目の二股を左方の岩槻街道へ入っていく。古い街道だが、拡幅工事が進んで、あまり昔の建物は見られない。ただ、水元公園の手前にちょっと面白い停留所がある。

「しばられ地蔵」

バスの女声ナレーションで聞くと、ひときわ印象に残る。

さらに、この京成バスのナレーション、こんな気の利いた句も添える。

「しばられて　願いかなえる　地蔵尊」

一瞬〝SMチック〟な想像も浮かぶ葛飾水元の地蔵尊。

祀られているのはバス通りの北方、水元公園側にある南蔵院の境内だが、そちらへ行く前に、反対側の横道の先に素朴な青果市場がある。朽ちたトタン張りの小屋の一角に野菜の空き箱が雑然と積みあげられた、市場というより、青果物の集

しばられ地蔵停留所。丸板型のオーソドックスなバス停がどことなくユーモラスな味を醸し出している。

積場のような感じの場所なのだが、おそらく周囲に畑が広がっていた頃からの施設なのだろう。

そんな、ちょっと昔の葛飾っぽい物件を眺めてから南蔵院へ。黒瓦屋根の山門をくぐると、境内には鐘楼や聖徳太子堂も置かれているが、なんといってもメインは、本堂脇の小屋根の下に縄でぐるぐる巻きにされたお地蔵様。この「しばられ地蔵」の発祥には、あの時代劇スター・大岡越前が絡んでいる。

徳川八代将軍・吉宗の時代。日本橋の呉服問屋の手代（使用人）が荷車に反物を積んで行商にやってきて、この寺の境内でうっかり昼寝。その間に反物を盗まれてしまった。とまぁ、どうってことないドジ商人の失敗談のようだが、ここで取り調べに立ち合った大岡越前、かなり突飛な命令を下す。「泥棒の所業を黙って見過ごした地蔵の罪は重い。ぐるぐる巻きにして市中を引きまわしてやれい！」

縄は大晦日に解かれ、その全ての願いを１本の縄に託して、住職が一番縄として結び直してくれる。

この、いわゆるドＳな逸話が「しばられ地蔵」の発端なのだが、それだけではあんまり……ということなのか、以下のような後日談も付く。発見された盗品を手がかりに江戸を荒らす大盗賊団が捕獲された。これはもしや地蔵の霊験ではないか……ってことで越前、寺に堂を建て、縄解きの供養を行ったとさ。めでたし、めでたし。

大場川の旧水門として機能した明治42年築の閘門橋。レンガの橋台の一角に工具を持った労働者のオブジェがあしらわれている。

取ってつけたような物語はともかく、いまも願掛けで巻かれた縄を解く供養が大晦日に行われる。もちろん、願いが叶った時点で縄を解きに来る者もいるわけだが、多くの人は初詣のときに縄を巻いて放っぽらかしなので、取材で訪れた晩秋から師走の頃は最も巻きが激しい時期ともいえる。

そんな、ぐるぐる巻き状態のお地蔵様に僕らも縄（一つ100円）を巻き、願を掛けた。まもなく、出産前の休養に入るなかむら画伯は、しばりにとりわけ力が入っているように見受けられた。

しばられ地蔵の裏手をちょっと行くと、水元公園の門がある。大場川から続く「小合溜《こあいだめ》」と呼ばれる遊水池の畔に広がる緑地、戦後段々と公園化されて、いまや96万平方メートルを超える（と、数字を記してもピンとこないが）最大規模の都立公園になった。

もう何度かこの公園には来ているけれど、武蔵野風のケヤキやシイやコナラではなく、ラクウショウ、メタセコイア、ポプラなどの樹々が主流の森林は一見してヨーロッパっぽい。取材時はラクウショウがちょうどいい頃合いの紅茶色に色づいて、なんだか金町から一気にロンドンのハイドパークあたりにトリップした気分になった。しかし、日や時間帯のせいもあるのか、砧や駒沢など西部の公園ほど犬の散歩をする人の姿は見掛けない。

一方、水辺には釣り糸を垂れる人が目につく。ナニが釣れるのか、おじさんに尋ねたら、「フナにコイ、ウナギ、クチボソ……」、次々と淡水魚の名が挙がる。

「タナゴは少なくなったね、ライギョとかレンコとか外来のどう猛な奴が増えちゃって」

ライギョは悪者扱いされているようだが、僕が小学生の頃はまだ数が少なかったせいもあって、西部の落合の方からわざわざ水元公園へ遠征して、ライギョを捕まえたという自慢話をしている奴がいた（この取材時点ではまだ、池の水を抜いて外来魚を駆除するテレビ番組はハヤっていなかった）。

野鳥カメラマンが陣を取る「かわせみの里」という水辺エリアの脇を通って、北西端の門から外へ出ると、すぐ先の大場川にクラシックなレンガの橋が架かっている。現在の車道の傍らに保存されたこの橋は、閘門《こうもん》橋という明治42年（1909年）建築の歴史建造物。レンガのアーチ橋としては都内に現存する唯一のもので、正式名称は「弐郷半領猿又閘門《にごうはんりょうさるがまた》」という。弐郷半領や猿又はこの辺の古い集落名、閘門とは水門を表す古い言葉だから、つまりこの橋がかつて大場川の水

水元公園にいた、犬達とおそろいコーディネートをしたおじさん。
水元公園には、釣りおじさん他、カメラおじさんも多数。おばさんはどこ…？

門の役割を果たしていたのだ。

古地名の猿又をふと連想させる、指又《さすまた》のような用具を手にした労働者のオブジェも目に残る（これは明治時代より後年に取りつけられたものらしい）。

この橋を渡ると北側は埼玉県の三郷市。すぐ先のウナギ屋からぷうんと蒲焼の香ばしい匂いが漂ってきた。先の釣り人が挙げた獲物のなかにウナギも入っていたが、さすがに水元の池で釣ったウナギを使っているわけではないだろう。とはいえ、こういう郊外の水辺の土地に来ると、なんとなくウナギを食べたい気分になる。

11時半の開店直後に入ったが、あっという間に満席になったから、この辺で評判の店なのだろう。甘めの濃い口のタレが炭火で焼いたウナギによく馴染んでいる。座敷の壁に鳩山邦夫の色紙が飾られていたが、あの人は昆虫愛好家だったから、水元公園に蝶やトンボを探しにきた折に立ち寄ったのかもしれない。

閘門橋の北方の店のうな重。土地柄、なんとなく天然モノを想像させるが……。

旅の終着点「大場川水門」に到着。近代的で重厚感に溢れたデザイン。

さて、今回はもう1本お目当てのバス路線がある。ここからさらに西方の西水元の果てにある「大場川水門」へ行く路線。せいぜい1キロちょっとの距離だから歩けないわけではないが、「大場川水門」というさいはてじみた行先を掲げたバスに乗ってみたい。

来るときに使った〈金61〉の金町方向のバスに乗って、「水元公園」の停留所まで行く。ここで〈金62〉系統の大場川水門行きに乗り継ぐのだ。

使いこんだサトちゃん人形（そういえば以前、荏《え》原《ばら》町でも見た！）を店内に飾った薬局の前から乗ったバスは、左折しては右折、そうしてまた左折、右折とアミダクジ状の進路をとって区の北西端の方へ向かっていく。西水元の領域に入ると、宅地の合い間にぽつぽつ畑が目につくようになってくる。そして、終点の大場川水門に到着した。

バスが停車する折り返し場の先、民家の向こうにゲート状の水門が見える。堤を上ると、中川か

今回の「標識シリーズ」は、水門付近にたてられた「ゴルフ練習禁止」看板の前で。

水元公園バス停前の薬局のサトちゃん人形は、よく見るとチリトリに入れられている。

ら分岐したばかりの川幅の広い大場川に、立派なコンクリートの塔に仕切られた水門が設置されていた。旧水門にあたる、先のレンガの閘門橋とはまるでスタイルが違う。いまの水門に趣きはないけれど、上品なレンガ閘門の時代は、流域の田んぼに水が溢れるのも日常茶飯事だったのだろう。ところで、この水門脇の堤の一角に〈ゴルフ練習禁止　国土交通省〉なる警告板が立っていたが、岸辺に河川敷などないいわゆるカミソリ堤防で、いったいどこにゴルフの練習をするスペースがあるのか？　首を傾げた。

妙といえばこの周辺、水元園、高砂園、中川園……と、公園のような名を付けた老人ホームが寄り集まっている。さらにもう一つ、歩いて目にとまったのは、個人タクシー。個人タクシーを玄関に置いたお宅が何軒もある。水門と老人ホームと個人タクシーのある家。葛飾北郊の独特の景色が印象に残った。

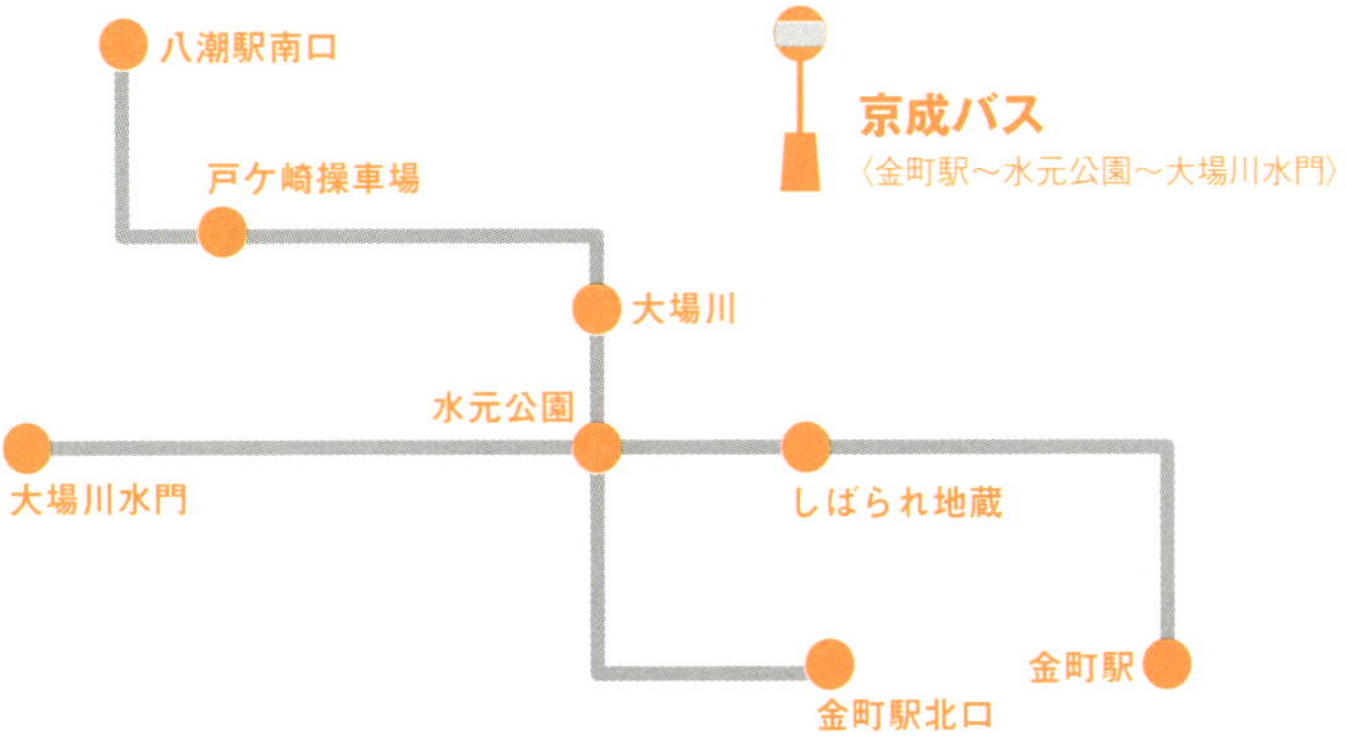

11

思い出の城西サブカル街道

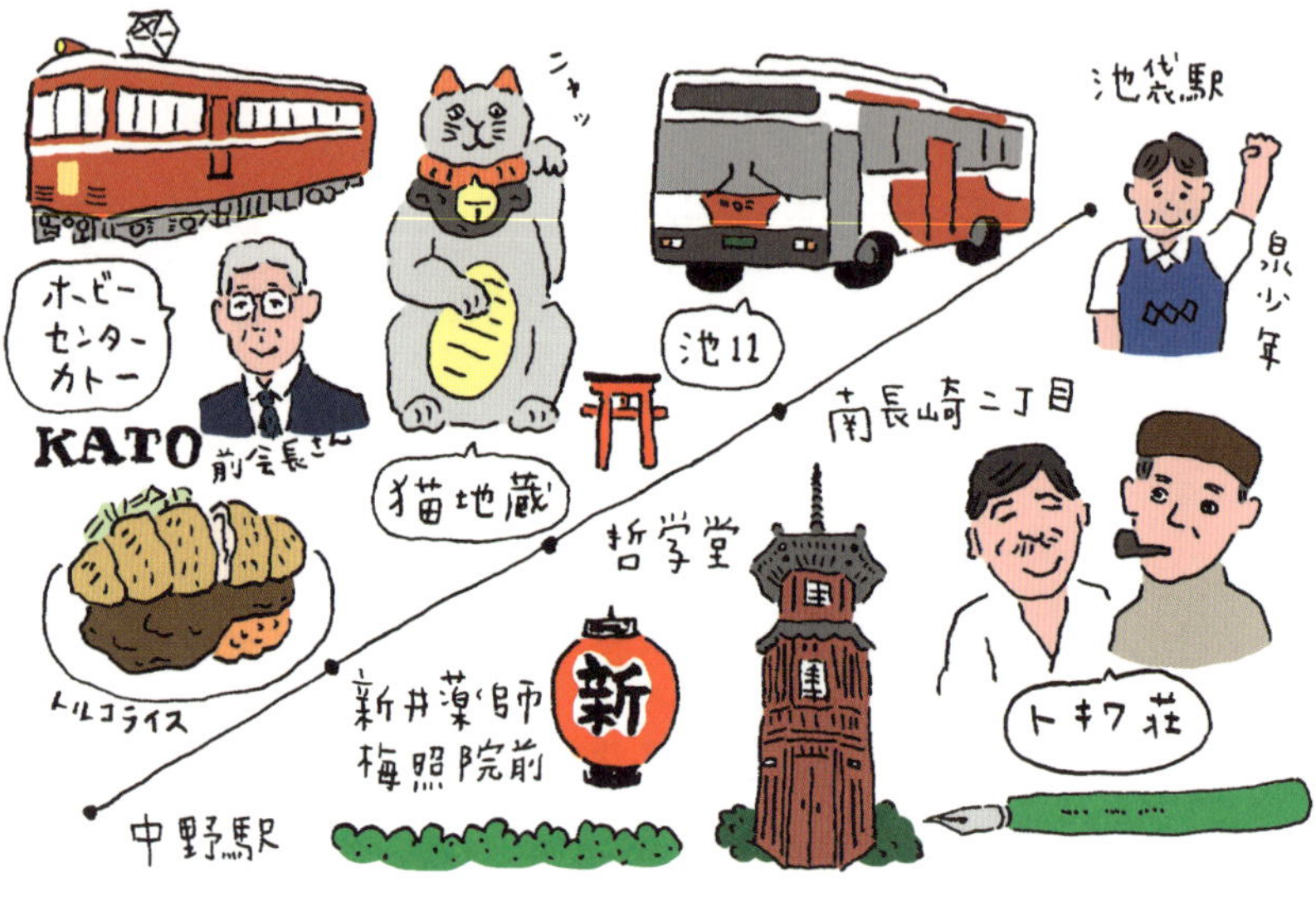

関東バス、国際興業バス

池袋駅→中野駅

池袋の西口から中野の北口へ行くバスが走っている。このバスは僕が子供の頃から愛用していたなじみの路線で、途中の目白通りのすぐそばにわが実家があった。今回はこの思い出のバスに乗ってみようと思う。

池袋西口のバス乗り場——僕が本当に幼い頃は、まだすぐ脇にバラック建てのマーケットが残っていて、薄汚いショーケースのなかにマムシがウヨウヨいるヘビ屋があったのを思い出す。それともう一つ、近くにホウジ茶を炒り売りする茶舗があって、バス待ちをしているときに芳しい匂いが漂ってきた。

駅前から要町《かなめ》へ向かう左手の、ひと頃まで芳林堂書店が入っていたビル前の乗り場はしばらく変わっていない。そして、この路線は昔から緑色の国際興業バスと赤い関東バスが共同で走っている。

赤が来るか、緑が来るか……子供の頃、弟と当てっこをしていた記憶があるが、やってきたのは赤の関東バス。あの頃とくらべて2倍くらいに広がった要町通りを西進、昔は祥雲寺坂下といった要町駅前の交差点で、さらに2倍ほど広い山手通り（環六）を左折する。西武池袋線の椎名町の陸橋を越えて、目白通りを右折、アーケードの商店街が続く「南長崎二丁目」でバスを降りた。

目白通りから旧道（少し先から千川通りとなって練馬方面へ続く）

トキワ荘通りには昭和30年代然とした古商店がよく残っている。

「トキワ荘通りお休み処」には、トキワ荘関連グッズがずらり。

が枝分かれしている所に交番があるけれど、これは通称、「二又交番」と呼ばれている。その右側に口を開けた旧道商店街は、ここ数年「トキワ荘通り」の名が定着した。ちょっと行った先に、手塚治虫を筆頭に戦後の人気マンガ家が集まって生活していたアパート、トキワ荘があったのだ。

入り口にある薬局の御主人は僕と幼稚園の同級生だし、いわゆる地元の商店街なのだが、トキワ荘に藤子不二雄や赤塚不二夫が暮らしていた当時、その存在は地元でもまるで知られていなかった。トキワ荘はもはやないけれど、この商店街、昭和30年代調の店屋が本当によく残っている。小店が集まったマーケットが2軒、大衆食堂、わが東京新聞の年季を感じさせる販売所もある。トキワ荘の資料館「トキワ荘通りお休み処」に利用されている建物も古いが、ここは昭和元年建築の米屋の跡らしい。

トキワ荘が建っていた場所は、現在「日本加除出版」という法律系の専門書を作る出版社になっているが、少し先の公園（南長崎花咲公園）にトキワ荘の実寸に近いレプリカを作るプランが進んでいる……と、資料館の女性から伺った（2020年完成予定）。

その公園（いまもトキワ荘の案内板などがある）の角を左折して、目白通りに出ると、このあたりはまさにわが実家のご近所。生家跡をチラ見、落合南長崎駅前の交差点を過ぎた先の自《じ》性院《しょういん》、通称・猫地蔵でなかむら画伯と合流した。
太田道灌を救った猫の地蔵を祀ったというこの寺、佇まいは昔とかなり変わってしまったけれど、僕が虫採りの定番ポイントにしていた懐かしい場所なのだ。猫地蔵の北門の先、バスが走る新青梅街道から分かれて直進していく道に入っていくと、やがて左手に赤い京急電車が止まっている。268の番号を刻んだ、「デハ230形」というかなりクラシックな車両。これは横の「ホビーセンターカトー」という鉄道模型のメーカーの一種の看板オブジェとして飾られているようだ。

自性院（猫地蔵）の入り口には、妖艶な招き猫の像が置かれている。

予めアポを取って、会社の人になかをちょっと案内してもらうと、1、2階フロアーを使って、NゲージやHOゲージの鉄道模型や部品が陳列されている。山や川、街や駅を表現した精密なジオラマがいくつか置かれ、操作体験ができるようなコーナーもあるから、これはちょっとした鉄道博物館である。ちなみに、門前の京急電車は創業者の前会長（加藤祐治氏）がお気に入りだった車両で、1970年代終わりに大師線で廃車になって売りに出されたものをゲットしてきたらしい。この加藤前会長、2016年に他界されたたば

住宅街に忽然と現れる京急電車の古車両。ホビーセンターカトーの目印として展示されている。

かり、ということで、京急車両の傍らに献花台が設けられていた。それほど鉄道模型ファンに愛されていた人なのだろう。

　この社の方から情報を聞いた、近所の洋食レストランで昼食を。

　かつて渋谷にあった力道山経営のスポーツレジャー施設「リキパレス」の食堂にいた料理人がチーフコックをやっている……との話だったが、なるほど、店内の所々にアントニオ猪木やジャイアント馬場のレアな写真やチケット（猪木対モハメド・アリ戦のリングサイド券もある！）が飾られている。ポークソテーやトルコライス……料理もレスラー級のボリューム満点で、安くておいしい。店名を書きたいところだが、その辺は内密に……ということで。

　ホビーセンターカトー前の道をずっと進んでいくと、哲学堂公園に行きあたる。妙正寺川ぞいの河岸段丘の地形をうまく利用したこの公園は、哲学の怪人博士、井上円了《えんりょう》が自らプランニングして明治37年、ここに開設したもので、大正の初め頃にいまの形がほぼ整ったという。

　最初に置かれた四聖堂をはじめ、六賢台、宇宙館……建物の名前もいちいち面白い。さらに、園内のちょっとしたポイントにも、概念橋とか唯心庭とか理性島とか、哲学チックなネーミングが施されている。円了は妖怪研究にも熱を注いだ人だから、哲理門の檻のなかに置かれた幽霊石像のコワさもハンパじゃない。ここ、テーマパークの原点といってもいいだろう。

　随分歩いてきてしまったが、バス遊覧なのだから、そろそろバスに乗ろう。「哲学堂」の停留所で先の〈池11〉のバスに再乗車、狭い通りを新井薬師の方へと向かう。西武新宿線は駅名を「新井薬師前《あらいやくしまえ》」と付けているので、バス停も「新井薬師前駅」となる（正確には新井薬師前駅前だろうが、さすがに最後の「前」は省略されている）。続いて、「新井薬師口」というのがあり、次はひと頃まで「新井薬師前」だったはずだが、これもに紛らわしいのか、いつしか「新井薬師梅照院前」と寺名まで付けるようになった。

　この梅照院が新井薬師の本体。真言宗豊山《ぶざん》派というのは先の自性院と同じだが、ここは昔から〝眼病の神様〟で知られていた。小学生時代に自転車で遠征してくると、境内の真ん中に設置された線香の煙を目のあたりに引き寄せたおぼえがある。それからここ、休日の夜明け前から懐中電灯を手に掘

哲学堂のシンボル、六賢台。赤い塔楼と緑の森のコントラストがいい。

新井薬師への参道を通って、一路中野駅へ。

出し物を探す、闇の骨董市でも有名だ。そう、忘れちゃいけない、僕が初めて喪主というのを務めた父の葬儀はこの寺で出したのだ。あれからもう25年も経つ。

新井薬師は駅前のバス通りの町並みも古めかしいが、梅照院前のバス停の五差路から始まる「薬師あいロード」はいかにも寺門前の参道らしくて、散歩にいい。揚げまんじゅうの看板を掲げた和菓子屋があるけれど、そういえば、梅照院の本堂前で長い間参拝していた男は、まんじゅうがどうしたこうした……と聞きとれる奇妙なお経を唱えていた。

履物店、金物店……と、最近あまり見掛けなくなった昭和気分の店屋が並び、このバス旅ではおなじみのサトちゃん人形を店前に出した薬局があり、ゆるやかに湾曲する道をのんびり気分で歩いていくと、やがて早稲田通りにぶつかる。渡った右手は中野ブロードウェイ、薬師から続いてきたこの道は早稲田通りを越えて、中野駅の方まで延びている。「昭和新道商店街」と掲げられているけれど、新道というより旧道の趣がある。

池袋西口から中野へ行くバスは、梅照院前の五差路から柳通り（実

関東バス、国際興業バス
〈池袋駅～中野駅〉

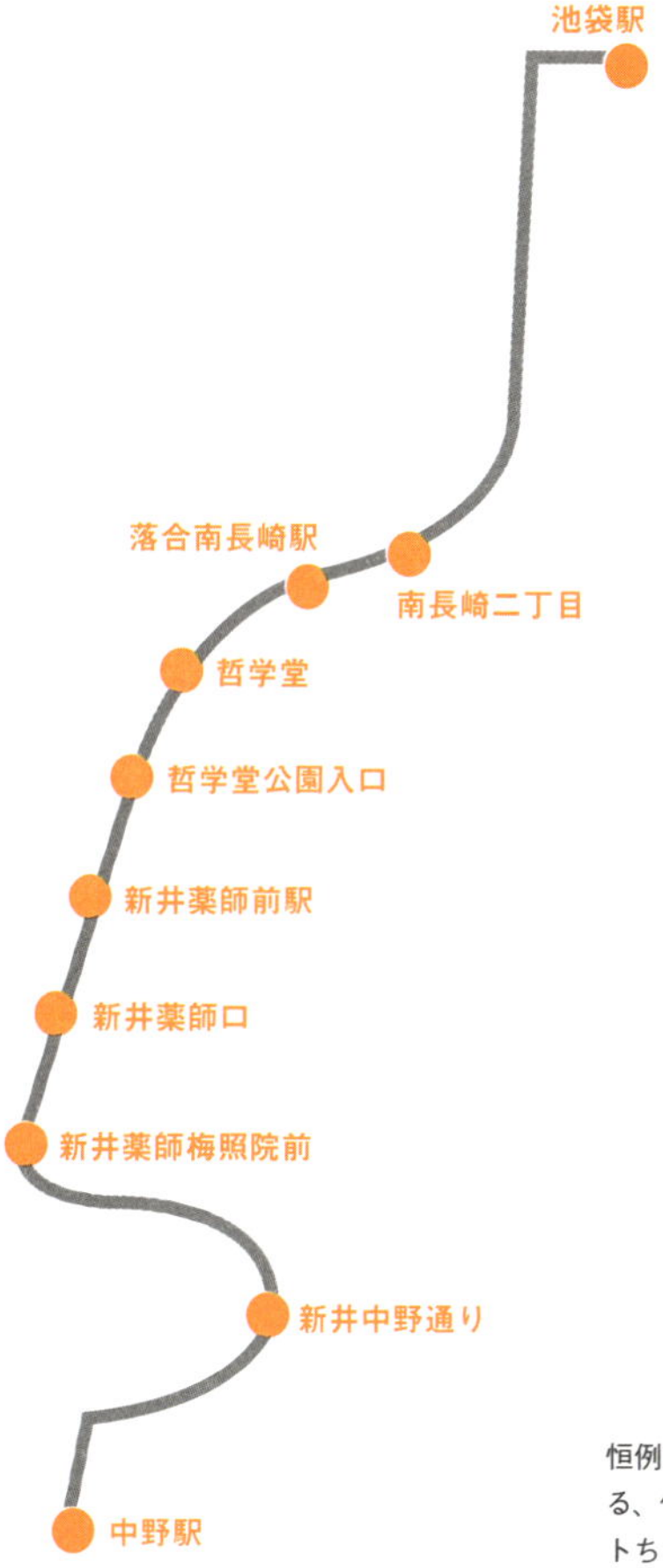

際、柳の並木があって、かつて小規模の花街が存在した）を通って早稲田通りに入る。ブロードウェイの前に「新井中野通り」のバス停があるが、小学5、6年生の頃の僕はここで降りて、まだ真新しい雰囲気だったブロードウェイの1階から2階を飛び越して3階まで行くエスカレーターに感動しつつ、明屋《はるや》書店で愛読していた『おそ松くん』のコミックスを買い揃えた。そう、いまは館内に何店もある「まんだらけ」などのサブカル系古書店に、トキワ荘にいたマンガ家たちの若い頃の作品が、ものによっては数十万の値札を付けて陳列されている。

恒例になりつつある、佐藤製薬のサトちゃん。今回はコーワのケロちゃんと豪華競演。

12

横浜　根岸の丘の歴史遺産

横浜市営バス

横浜駅前→山元町１丁目→市電保存館前

ちょっと東京を離れて、横浜のバスに乗ろうと思う。横浜にも数々の路線バスが存在するようだけど、選んだのは横浜市営バスの103系統。これは横浜駅東口を出発して、繁華街の伊勢佐木町を抜けて根岸の丘の方へと上っていく。沿線に見所も多い。

横浜の東口からバスに乗るのは初めてのことだが、そごうの1階部に地方のバスセンター式の広大な乗り場が設けられている。7番の停留所から乗った103系統・根岸台行きのバスは、首都高下の国道1号線を戸部の方へ進む。この道は箱根駅伝のランナーたちが走るルートだ。駅伝好きの僕は数年前、何度かに分けて東京から箱根までのルートを踏破したことがあるので、沿道の風景は見憶えがある。

今回の旅のスタート地点は横浜駅の東口。市営バスのターミナルになっている。

戸部駅の先を左折すると、道はやがて緩やかな上り坂になってきた。右手がいわゆる野毛山で坂を下ると日ノ出町。この辺は横浜の下町歓楽街。ストリップ劇場らしき看板なんかも垣間見える。伊勢佐木町、長者町の商店筋を通過して、首都高をくぐりぬけると石川町の台地へ差しかかる。その先に見えてくる赤いアーチ橋は印象的だ。打越橋というこの橋、昭和3年竣工の古い陸橋でこのあたりのランドマークにもなっている。

突きあたった所が「山元町」。右折した先から延々と尾根道づたいに続く商店街は、僕がドライブでこの辺に来るようになった40年前の町並

元競馬場のスタンドの周辺は公園として一般に開放されている。

みとほとんど変わっていない。「山元町1丁目」「山元町2丁目」……とバス停を見送って、その先の「山元町4丁目」で途中下車した。

やがて右手に広がる緑地が根岸森林公園。今回の第一の見物ポイントは、緑地の先に見えてくる旧根岸競馬場の遺構だ。3箇所に塔屋が聳《そび》えたつ、年季の入ったコンクリートの建物は、一見イギリスの貴族の館、あるいは由緒あるスコッチウイスキーの工場……あたりの想像もふくらむが、これが昭和4年にJ・H・モーガンが設計した一等馬見所（スタンド）なのだ。まわりこんで脇から側壁を眺めると、階段状の観客席の感じがよくわかる。しかし、この物件のすぐ向こうは厳重にフェンス張りが施された米軍施設の敷地で、足を踏み入れることはできない。

競馬場と米軍。一瞬妙な取り合わせのようにも思えるけれど、わが国の競馬は幕末の横浜居留地に駐屯したイギリス人によってもたらされた。そんな発端から根岸丘陵に最初の競馬場がつくられて、明治政府の外交の場としても利用されるようになっていく。戦時中、ここは軍港を

森林公園にいた運動しているおじさん。
エアバッティング!?

さかい
フライ

香ばしい匂いに惹かれて、ついつい買い食い。これぞ散歩の醍醐味。

買いに来た
おじいさん。
トレパン上下
に、革靴が
ミスマッチで
いい感じ。

見渡せる好環境地として海軍に接収され、競馬場は閉場した。こういう経緯を眺めると、米軍の敷地がすぐ脇に存在するのも時の流れ、と頷ける。

　さっきバスで通り過ぎた山元町の商店街のあたりをもう少し細かくチェックしたいので、歩いて引き返すことにした。低いアーケードを軒先に設えた、2階建ての古い商店が並んでいる。とりわけ目につくのが、店先に品台を出した昔風の花屋。これは近くに墓地が集まっているせいかもしれない。山元町1丁目のバス停近くに素朴な旗のれんを掲げたフライの店は、バスの車窓越しに気になっていた所。ここは隣も庶民的なお好み焼屋で、なんとなく関西の下町っぽい。しかし、坂上の尾根道にこういう下町風の商店筋が存在するのが横浜の面白い点だ。

　この山元町1丁目で、横道を曲がってくる市電保存館前行き〈21系統〉のバスに乗り継ぐプランがある。バス待ちの間、向かいのフライ屋で買い食いすることにした。串かつ、コロッケ、ポテト、アジ、ハム

山元町商店街。謎めいた脇道の入り口にエキゾチックなヨコハマ感が漂う。

……どれもほぼ1本100円前後、窓際の鍋でオバチャンがひとりでフライを揚げている。T君たちスタッフはコロッケ、僕は牛もつ（80円）を注文。牛もつは関西風にホルモンを揚げたようなのを想像していたら、レバーフライに近いものだった（品書きにあった「ちくわサラダ」ってのも気になったが、取材後に中華街へ出る予定があったのでグッとガマン）。

市電保存館前行き（桜木町駅前発）のバスは、しばらくさっきの道を進んで、根岸森林公園の先から不動坂を下る。この不動坂入り口の左手に見える「ドルフィン」こそ、ユーミンの唄（『海を見ていた午後』）で有名になったレストラン。僕はまさにユーミンの曲に触発されてドライブで立ち寄った世代だが、その後何度も取材で訪れているので、今回はやり過ごす。

昭和11年製造の1100型。車両中央にクロスシートが設置され“ロマンスカー”と呼ばれていた時代もあったという。

くの字を描くように坂を下りると、低地の海岸通りに出る。根岸の駅前を過ぎて、磯子警察の前で右折、「禅馬《ぜんま》」なんていう古地名の停留所を通過して終点の「市電保存館前」に着いた。

敷地の半分くらいが市営バスの車庫に使用されているこの場所は、もともと横浜市電の車庫だった所。1972年の3月をもって、市電は全線廃止され、翌年に保存館が開館した。

往時の市街を走った7両の電車（1両はキリンビール工場で使っていた無蓋貨車）が、きちんとメンテナンスを施されて並んでいる。500型、1000型、1100型……昭和初期製の古い車

昭和初期の車両・500型は車内が見学できる仕立てになっていた。

両の保存状態もとてもいい。ちなみに廃止された72年3月の翌月から僕は神奈川の高校に通うようになって横浜の友人もできた。つまり、もう少しズレていたら、これらの市電に乗る機会があったのだ……と思うとなんとも惜しい。路線図を見ると、バスで通りがかった野毛坂から伊勢佐木町、打越橋をくぐった山元町の突きあたりの所まで3系統の市電が走っていたのだ……。

市電運転のシミュレーション、鉄道ジオラマ、横浜の町の歴史……車両以外の展示コーナーもなかなか充実している。

ところで、この市電保存館の周辺に散策してみたいスポットがいくつかある。西方の滝頭《たきがしら》にかけての町並みは、地図で見ても狭い道が入りくんだ下町風なのだが、一角に丸山市場という戦後マーケットの面影を留めた場所が残っている。〈丸山市場〉と素朴な看板が出た入り口を見つけて、洞穴のような通路を進んでいくと、シャッターを閉ざした店のなかに数軒が店開きしていた。ローカルな演歌歌手のポスターがいくつも張り出された魚屋を見掛けたが、ここが噂に聞く美空ひばりの生家の流れをくむ店かもしれない……。

さてもう1軒、市電保存館の係の人から聞いた「旧柳下邸」という古民家を訪ねたい。古い横浜市電を眺めつつ、僕がジブリアニメの『コクリコ坂から』に描かれた市電風景の話をしかけたとき、あの映画に描かれた洋館を思わせる家がある……と教えてくれた。

昔懐かしい商店が集まったマーケット。根岸の下町にはこの種の市場が多かった。

その旧柳下邸が保存された根岸なつかし公園の場所は、堀割川東方の下町《しもちょう》。昔の市電停留所があった根岸橋から川を渡って横道に入っていくと、坂下疎開道路なんていう表示板が立っていた。

その道は割合と広い幅だったから、戦時の建物疎開（空襲の延焼を防ぐために家を先に打ち壊す）でできあがった道路なのだろう。

旧柳下邸の住所は〝下町〟とはいえ、下の道から石段を上った根岸の丘の斜面に建っている。入母屋や書院造りの日本家屋の端《はじ》っこに三角屋根の洋館を付けた、一見して和洋折衷の印象的な館である。「公園」の名義になっているので、ふとどこかから移築された建物か？ とも思ったが、係員に尋ねたところ、正真正銘、もとからここにあった大正時代築の家（洋館部は関東大震災後の築という）らしい。

この家の主、柳下氏というのは明治初頭、銅鉄取引商と銘打つ金属の輸入業で潤った人物という。細かいことはわからないけれど、港の外国人相手の商いが想像される。

根岸台地の西端にあたるこの場所、いまは高架の根岸線や工場、マンションに隠れて海は望めないが、大正や昭和の初めはさぞや素晴らしい眺望だったことだろう。そう、位置的に背後の山の方から競馬場の馬の蹄音《つまおと》や歓声も聞こえてきたのかもしれない。

根岸の丘の斜面に建つ旧柳下邸。和洋折衷の建物の組み合わせが目に残る。右端の洋館はとりわけ「コクリコ坂」ファンに人気！

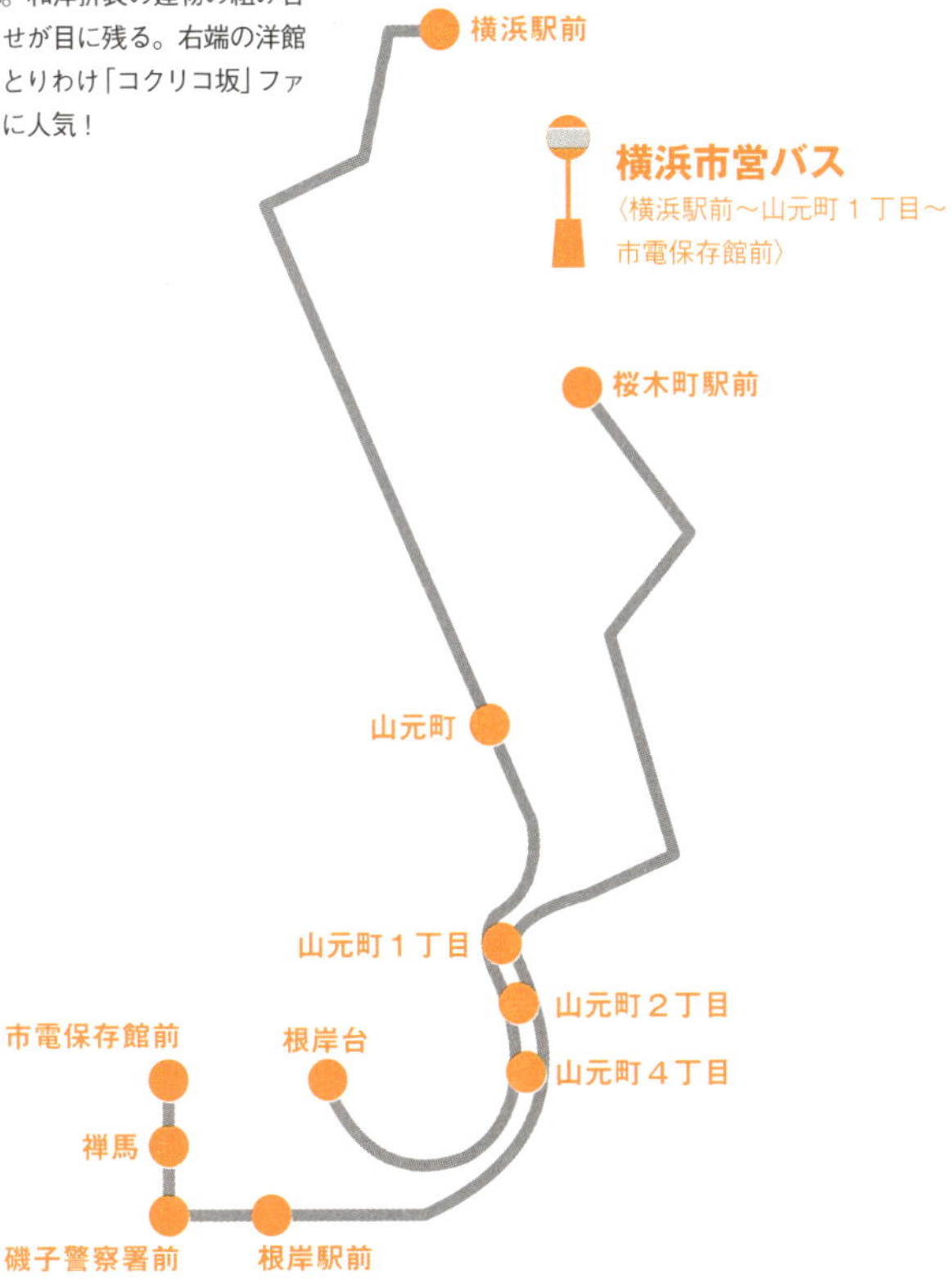

13

サウスディープな町から ノースディープな町へ

関東バス、国際興業バス

高円寺駅北口→赤羽駅東口

意外な町を結んでいる路線バスというのがいくつかある。高円寺から赤羽に行く路線もその一つだろう。もっともこれは環七をほぼ一直線に進むルートだから、脇道に外れたり、クネクネ曲がったり、という面白さには欠けるけれど、高円寺と赤羽――サウスディープとノースディープな町の観光を楽しむことができる。

さて、高円寺からバスに乗ろうと思うのだが、だいたいいつも出発点の町の案内がおろそかになる傾向があるので、集合場所を丸ノ内線の新高円寺にして、ここから高円寺まで歩くことにした。

高円寺駅へ向かうルック商店街は、2階建てレベルの古い店が割合と良く残っている。新宿圏の老舗スーパー「三平ストア」を過ぎると、やがて交差点の向こうに「フヂヤ薬局」の印象的な建物が見えてくる。傾度のきつい三角屋根を載せたアトリエ調の洋館が西郊の杉並らしい。なんでもこの建物は大正の関東大震災以前の築で、フヂヤというくらいに周辺の家が低い時代は2階の窓からよく富士山が眺められたという。そして、この店の斜向かいにもう一軒「七つ

大正時代からの建物はアトリエ調の洋館。高円寺、阿佐ヶ谷、荻窪には赤い屋根の洋館が多かった。

戦後の面影をとどめる高円寺のマーケットには、
アジア系の飲食店がズラリ。

富士見銀座付近で見かけたおばちゃん。
激しめの茶髪。

森」という古い喫茶店がある。七つ森——の看板も右から左へ読む仕立てなので、一瞬戦前の店……と思われるかもしれないが、喫茶店が開業したのはフォークブームたけなわの１９７０年代のことで、レトロをコンセプトにした先駆けの店、といっていい。もとは「田中園」という茶舗の建物だったらしい。そういえば、ひと頃まで七つ森隣りの角に張り付くように建っていた「月光堂書店」という小さな古本屋はいつしか消えてしまった。

この道、築地裏あたりでよく見る看板建築の商店が2、3軒、そういう昔の建物を使った若者向けの古着屋や実態のよくわからない店が並んでいるのが高円寺らしい。緩やかな坂を下って、往年の桃園川の暗渠《あんきょ》を過ぎるとアーケード街に入る。キックボクシングジムやダンス教室が入った線路端のモルタルアパートの路地から市場、狭い八百屋の間の通路を抜けて北口のバスターミナルの一角に出てきた。高円寺は、駅前にまだ戦後まもない頃の町の面影が残っている。

〈赤31〉の赤羽駅東口行きのバスは、以前の池袋駅西口〜中野駅と同じく関東バスと国際興業バスが共同で運行している。別にエコヒイキするわけではないが、今回も赤い関東バスの方がやってきたのでコレに乗る。中央線の高架線際の道から環七に出ると、先に書いたように後はずっと直進。いや、正確には直進ではなく、なだらかに円を描くように北東方へと道は続いている。道筋はなだらかだけど、幹線道路や私鉄線といくつも交差するのでダウンヒルの勾配はけっこうある。早稲田通りを越えると野方。いまもちらほらラーメン屋の看板が見受けられるが、80年代後半、沿道の「野方ホープ」や「なんでんかんでん」（新代田）を筆頭に〝環七ラーメンライン〟が大ブレイクしたのを思い出す。

十条仲原で途中下車をして歩いた「富士見銀座」。こういう富士を象ったネオン看板も近頃少なくなった。

　豊玉は練馬区、小茂根は板橋区、中山道の大和町陸橋を通過するともうすぐ北区。このまま一気に赤羽まで乗ってしまうのも面白くないので、「十条仲原二丁目」で降りて、この辺から赤羽までたらたらと散策していくことにしよう。

　まずは環七を渡った向こう側に富士を象《かたど》ったアーチ看板が掲げられた、富士見銀座の商店街に入ってみる。今回、すでに高円寺でフヂヤ薬局というのに出合っているが、この商店街も西方に富士山がよく見えた場所なのかもしれない。バスで通過した、ちょっと手前の板橋区の側にも富士見町や富士見街道の表示が

十条仲原で出合った、今回のケロちゃんとコロちゃん。珍しく新品だ！

十条仲原付近で
見かけたおばちゃん。
350mlの缶ビール
を2箱、荷台
にのせて
さっそうと
走っていった。
たくましい!
のどごし

あった。

背の低い昔ながらの店屋が目につく好みの商店筋だが、平日の午前11時前の時間、惜しむらくは大方の店がまだシャッターを閉ざしている。十条銀座の入り口の所で引き返してきたが、この先から十条駅にかけての界隈は〝激安〟をウリにした食料品や日用雑貨の商店が縦横の筋に密集している。

環七を赤羽側へ渡って、王子第三小学校の脇道に入る。左手は上十条五丁目、右手は十条仲原三丁目、左の上十条側には崖斜面に張り付くように奇妙な形状のマンションが建ち並んでいる。道奥へ進んでいくと、やがて玉石垣の切り通しが続く坂道になって、坂下の路傍に〈游鯉園《ゆうりえん》の坂〉と道標が立っている。

ここ、数年前に散歩で見つけて以来気に入って、何度か上ったり下ったりしている坂道なのだが、游鯉園というのはかつて坂下の窪地に存在した川魚を食べさせる料亭のことらしい。坂上の右手、つまり玉石垣の上の一角に「どんぐり山」と名付けられた野天の駐車場があったが、戦前の地図を見ると、このどんぐり山と思しき小山の北麓《ほくろく》の窪地に池が描かれているから、この池で養殖した鯉を食わせる料亭

道に迷いながらも静勝寺に到着。なかなか風情のある境内。

野間坂付近から望んだ赤羽の街並み。ふと、太田道灌の気分で見渡したくなる。

が畔に存在したのでは……なんて推理がふくらむ。古地図のイメージを頼りに歩いていくと、大きなお屋敷の庭に昔の名残りと思しき池が垣間見えた。

窪地に並んだ小さな住宅の向こうに見える小高い緑地は稲付公園。公園脇の道端に野間坂の謂れ書きが立っているが、ここは講談社を創業した野間清治の別邸が建っていた所なのだ。僕は割と昔から講談社とつきあいがあるので、創業80周年のときに刊行された社史が手元にある。これによると、野間が「赤羽別荘」と呼ばれる当地を購入したのは大正6年12月のことで「新年号会議もここで開催された」とある。また大正9年の項目には、三五会という社員家族たちの園遊会が開催された……との記述もある。ちなみに当時の講談社は千駄木の団子坂に社屋がある頃で、社名に〝雄弁会〟と付いていたように園遊会でも演説の競い合い（すごいね！）が行われていたらしい。游鯉園が存在したのは大正時代から昭和戦前にかけてというから、ここの川魚料理なども振る舞われた可能性はある。

そんな野間別荘のあった稲付公園、赤羽市街を見渡せる眺めのいい場所なのだが、修復工事中で残念ながらなかへは入れなかった。

赤羽昼酒の代名詞ともいえる「まるます家」。この日は残念ながら定休日。

この辺から赤羽駅方向にかけては、突き出した丘陵の端にいくつもの寺や神社が置かれているが、駅に近い丘上にある静勝寺は太田道灌が築いた稲付城が存在した地として知られる。湾曲した坂を上ったり下ったり、ちょっと方角をまちがえながらようやく静勝寺に到着した。室町後期の１４００年代後半、道灌が江戸城と岩槻城の中間の砦として築いた城というが、なるほど、駅前のビル群を取っ払えば、見張りに最適の地であることが想像できる。すぐ崖下を南北に走る赤羽西口通りも旧岩槻街道の別称をもつ古道である。

歴史スポットの散策はこのくらいにして、そろそろお昼時、東口に広がる飲食店街をめざす。とりわけにぎわっているのは北東側の一番街を中心にしたエリア。ＯＫ横丁とか明店街とか、魅力的な名前を付けた横道にも昼酒が楽しめる酒場が並んでいる。

道角に建つ「まるます家」は昭和25年創業の老舗で、鯉こくを看板料理にしているあたり、あの「游鯉園」の系譜を思わせる。しかし、今日は妙に閑散としているな……と思ったら、惜しくも休業日だった。明店街のウナギの「川栄」も界隈の人気店だが、こちらは3、4組の待ち客がいる……というのであきらめて、やきとん、やきとりの類いの品書きを掲げたカジュアルな居酒屋に入った。90年代あたりのＪポップス有線が流れるこの店は、赤羽の昼酒場でよく見るオッチャンよりも30代くらいの若い客が目につく。ノースディープのこの町も、サウスディープ・高円寺の風土に近づいているのかもしれない。

赤羽らしくホッピーを2、3杯ひっかけて明るい街路をふらつく。向こうからやってきた仕事関係の知人に声を掛けられた。昼酒をしてそういう知人と遭遇するのはなんとなく後ろめたいものだが、この町の場合はあまり背徳感を感じない。いってみれば、年中プレミアムフライデーなのだ、赤羽は。

関東バス、国際興業バス
〈高円寺駅北口〜赤羽駅東口〉

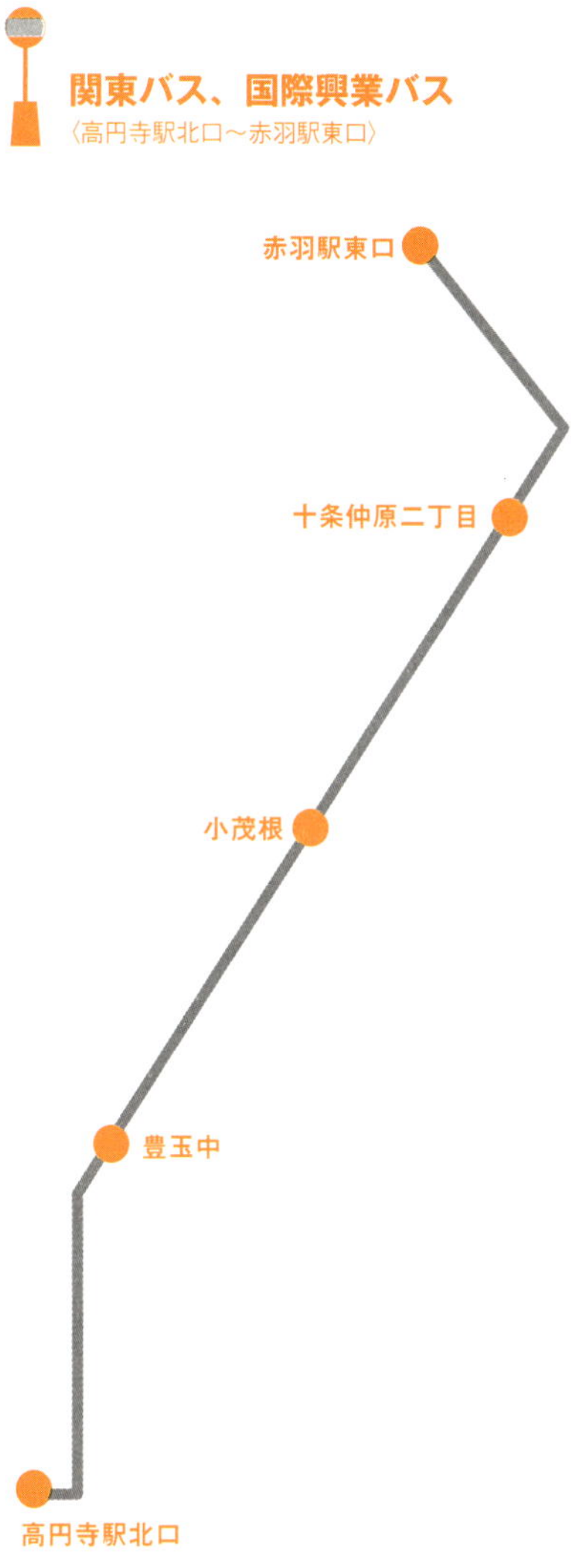

14

大森から島へ行く

京急バス

京浜島循環、城南島循環

アトレを背にした大森駅東口のロータリーに、京浜島循環のバスがやって来た。

平和島のボートレース場へ向かうバス停には、ボートの場外新聞を売るおばちゃんが。

東京にもいくつかの島がある。といっても、大島や三宅島などの伊豆七島ではなく、古くから江戸湾の島として知られる佃島でもなく、湾岸部に戦後続々と誕生した埋立地の島。とりわけ大田区には、平和島に昭和島……島名義の町が目につく。平和島や昭和島は羽田へ行くときのモノレールで通りがかるけれど、前から一度行ってみたいと思っていたのが、大森からバスが出ている京浜島と城南島だ。地図を見て、およそ工場だらけの景色は想像できるのだが、島行きのバスというのはなんとなくロマンをかきたてられる。

大森駅は西口に出ると、以前訪ねた馬込文士村の領域でもある山王の台地が迫っているが、東口は湾岸部に続く平坦な市街が広がっている。島行きのバスが出るのは東口。しかし、久しぶりにやってきてみると東口の景観も随分と変わった。ほんのひと頃まで、ごちゃっとした広場の一角に何やら古めかしい石像のようなのが置かれていたはずだが、すっきりしたバスターミナルに変貌している。

しかし、ここに置かれていた像、ナンだったか

空港が近く飛行機の撮影スポットとしても人気の京浜島周辺。ガードレールにも飛行機と青空が。

な？　消えてしまうと思い出せないものだ。

ターミナルに入りこんでくるバスはすべて京急バスで、ちょっと面白いのは、平和島ボートレース場の方へ行く乗り場の脇にオバチャンが売る予想新聞の露店が出ている。本日はレース開催日らしく、通常の路線バスとは別に競艇場側がサービスで運行する無料バス（こちらも車両は京急バス）もやってくる。さて、京浜島と城南島、どちらから先に行ってもいいのだが、本数の多い「京浜島循環」が早く来たのでコレに乗車した。

平和島方面の乗り場は競艇目当てのオッチャンが圧倒的に多かったが、このバスは案外若い人が多い。バスは京急の大森海岸駅の横から第一京浜に入って、平和島駅の先で環七を左折、湾岸部へ進んでいく。京急の平和島駅があるのは陸側の大森北だが、実際の平和島は平和の森公園（もとの運河）をまたぐ都大橋を渡ってからで、首都高羽田線を挟んで倉庫群が目につくようになってくる。京浜運河を渡って湾岸道路に入るや否や渋滞にハマッた。まわりの車の大方はコンテナを載せたトラック。ほとんどがこの辺の物流施設を往き来している車だろう。見晴らしの良い京浜大橋を通過して、ようやく京浜島の領域に入った。

「京浜島一番地」「京浜島二番地」……と、工場倉庫街のなかにハードボイルド風味の停留所が続く。乗ってきた若い人はそういった停留所で1人、2人と降りていく。午前10時台という比較的おそい朝の時間帯からして、界隈の倉庫でアルバイトをする若者かもしれない。友人同士ハシャぎながら降りていくような光景は見られず、きちんとした身なりの寡黙な青年が多い。なんとなく、村上春樹の小説に出てくる男の姿を連想した。若い女性もいたから、力仕事ばかりではないのだろう。

どこで降りようか……と思ったが、美空ひばりの歌（『港町十三番地』）が重なる、「京浜島十四番地」で降りることにした。～金属、～鉄工、～鋳造……といった看板を掲げた鉄鋼関係の工場や倉庫が並んでいる。灰色イメージの街並に少しでも色を付けようというコンセプトなのか、アカシヤ通り、くすのき通り、さざんか通り、といった具合に、それぞれの街路樹を植えこんだ通りが設定されている。

羽田側の海岸づたいに「京浜島つばさ公園」という緑地が設けられているが、ここは「つばさ」の名のとおり、すぐ向こうの羽田空港へ着陸する旅客機が間近で眺められる。飛行機見物目当ての人がよく来るのだろう、公園の一角には30種余りの各社旅客機の尾翼デザインの図解板が掲示されていた。

倉庫街のなかにぽつんとある「京浜島 14 番地バス停」。なんとなく“マドロス気分”になる。

市場の事務棟前にある停留所。バスは反対側の市場北門を経由して場内をぐるりと廻ってから場外へ。

しかし、思っていたよりずっと短い間隔で旅客機が降下してくる。時間帯にもよるだろうが、お昼前のこの時間は2、3分に1機くらいのペース。スキージャンプ競技の中継のように、見始めると案外クセになるもので、もう1機、もう1機、となかなかやめられない。しばらく眺めていると、着地のウマイヘタの差がシロート目にもわかってくる（国内大手は相対的にお上手でした）。

そろそろオナカが減ってきた。このあたりで昼（飯）となると、やはり大田市場だろう。来るときのバスに乗って「京浜大橋」で降りるのが近いが、ちょうどバスは行ってしまったばかり。しかも11時台からは便数も減って30分余り待たなくてはならない。地図をサラッと見れば運河を挟んだすぐ向こう岸だから、湾岸道路づたいに歩いていったらこれがけっこう長い。地図の縮尺目盛に指をあてて距離を測ったら、つばさ公園のあたりから1・5キロほどあった。

品川区の大井埠頭から続く埋立地の南端に大田市場が開場したのは、平成に入ったばかりの1989年。水産と花卉《かき》の部門も多少あるが、主体は神田と荏原《えばら》から移ってきた青果の市場、いわゆる〝やっちゃ場〟だ。各棟の屋根にはタケノコやカブ、ブドウなどを象《かたど》った可愛らしいマスコットが掲げられている。完成してもう30年近くになるわけだが、まあなんとなく築地の次の豊洲市場はこういう雰囲気になるのかな……と、コンクリート建ての棟を眺めつつ思う。食事処は築地ほどの規模はないけれど、事務棟あるいは関連棟に数軒の店が入っている。僕らが立ち寄ったのは、事務棟2階の「かんだ福寿」（少し前まで「大松」といった）。ここはネットの情報でも目につく人気店で、大きな海老フライや穴子天のダイナミックな写真がよく載っている。屋号のとおり、神田市場の時代から100年くらい続いている老舗らしい。僕はカキフライ定食をいただいた（生ガキも一つ付く）が、甘味のあるおいしいカキだった。

腹を満たしたところで、もう一つの城南島へ。ここも橋（城南大橋）を渡ったお隣りの島なのだが、大田市場の停留所に城南島循環のバスがやってくる。1時間に1本あるかないかのレアな路線。食事のペースも考慮して、うまく時間を合わせて事務棟の前の停留所（大田市場事務棟）から乗車すると、このバスは「大田市場北門西」とか「水産棟前」とか、場内をぐるりと巡回してから外へ出る。城南大橋を渡って城南島へ入ると、「建材埠頭」「城南島二丁目」……こちらは京浜島のように番地名義の停留所はないけれど、やはりあまり見たことのないメーカーの工場や倉庫が建ち並んでい

「かんだ福寿」の大海老天丼は丼からエビがハミ出していて、迫力満点！

る。

なかでも、バス停の名としてちょっと目を引くのが、「動物愛護センター」。帰路に通りがかったけれど、茶色いレンガ調の洋館がひっそりと建っている。少し暗い話になるけれど、ここは引き取り手のないペットの殺処分などが行われる施設らしい。

さて、この島も海べりに公園が設けられている。オートキャンプ場やドッグラン場などもあって、その規模は京浜島のつばさ公園より遥かに広い。つばさ浜と名付けられた外縁の人工なぎさはアサリも採れるらしいが、ここは先の京浜島以上に着陸する旅客機のインパクト満点のショットを眺めることができる。つばさ浜のあたりに立っていると、東方のゲートブリッジの上空から姿を現したジェット機がぐんぐん高度を下げてきて、頭上をヒューッと飛んで背後の滑走路に着陸する。機体の腹をこれほど近距離で仰ぎ見られるスポットは、ちょっと他にないだろう。

手持ちのデジカメで飛行機のオナカを狙い始めたら、止まらなくなってしまった。

旅客機撮影の名所・城南島つばさ浜。写真以上にヒコーキは近い！

さみ〜
つばさ公園にいたカメラ小僧の若者2人組。ベストショットまち！
つばさ公園にいた怪しげなおねえさん。宇宙と交信!?

京急バス
〈京浜島循環〉〈城南島循環〉
大森駅
大森海岸駅
平和島駅
京浜大橋
大田市場北門西
水産棟前
大田市場
事務棟
建材埠頭
城南島
二丁目
動物愛護
センター
〈城南島循環〉
京浜島一番地
京浜島二番地
京浜島十四番地
〈京浜島循環〉

15

奥浅草から根岸の里へ

台東区循環バス

北めぐりん

上野や谷中、浅草あたりを歩いていると、明治時代の市電のようなデザインを施した、可愛らしいバスをよく見掛ける。これは「めぐりん」という愛称をもつ台東区の循環コミュニティーバス。路線図を眺めると、北めぐりん、南めぐりん、東西めぐりん、ぐるーりめぐりん、と四つのコースが設置されているようだが、今回は〈北めぐりん〉のバスに乗ってみたい。これは、浅草の北方から三ノ輪や根岸……と、なかなか渋好みの進路をとる。

乗り場は浅草の松屋（ＥＫＩＭＩＳＥ）の東側。江戸通りに面した所にバスの塗装に合わせた赤＆緑のツートンカラーの停留所がある。そう、このすぐ向かいの古いマンションビルの上階に学生時代の旧友が住んでいて、裏の隅田川で打ち上げられる花火を何度も見物に来たことがある。

やってきたバスに乗ったのも束の間、言問橋の先の隅田公園で最初の途中下車、すぐ向こうの待乳山聖天を訪ねる。マツチヤマショウデン――と、すんなり読めるようになったのは、中年世代に差しかかってからのことだが、ここは古くからの浅草名所の一つ。周辺にビルが増えたいまでこそあまり目立たなくなってしまったが、広重《ひろしげ》の江戸の名所画などには、隅田川岸にぽこっと隆起した、小高い山の姿が描かれている。

スタート地点は浅草の松屋前。

今戸神社の境内には、いたるところに招き猫が。

聖天様は江戸川区の平井あたりにもあるけれど、大日如来や観音菩薩の化身とされる。とくにここ待乳山で知られるのは大根供養。大根を供えると、聖天様が心の毒を清めてくださる、という意味合いがあるらしい。社務所の前には、お供え用の大根（1本・250円）も並べられている。ところで、今回はなかむら画伯も久しぶりに同行。そう、出産してまもない彼女にとって〝待乳山〟という山号は、なんとなく縁起を感じる。

待乳山のすぐ裏手には、今戸橋や聖天橋などの橋柱が残されている。いま遊歩道になっている所を山谷堀川が流れていたのだ。上流の方は早くに埋めたてられたが、このあたりは昭和40年代頃まで汚れた水が溜まっていた。

小さな靴工場が目につく路地を歩いて、今戸神社に立ち寄った。境内で目にとまるのは沖田総司終焉《しゅうえん》の碑とまねき猫の絵馬や人形。とりわけ近頃は、可愛らしいまねき猫グッズのあるパワースポット、として若い女の子に人気があるらしいが、そもそもまねき猫の素材である「今戸焼」という焼き物で知られた土地だったのだ。ひと昔前までは周辺に職人がいて、今戸焼の看板を出した家もいくつかあったというが、いまは境内でも今戸焼製のまねき猫は売られていない。

神社前の通りをさっきのバスが走っている。「今戸一丁目」から再びバス

今戸神社にて
まねき猫グッズ
を物色する
女子

に乗ると、おーっマニアックな細い道に入っていく。そういえば十余年前、この辺に「トロイヤン」という奇妙なスパゲッティーを出す洋食屋があった。デミグラスソースで炒めてオムレツをのっけた独特のスパゲッティーだったが、トロイヤンの正確な意味（トロイの町が発祥か？）を知る間もなく閉店してしまった。

橋場から清川、この辺の町は駅でいうと南千住の方が近いが、エリアのイメージとしては浅草の奥座敷、ディープな奥浅草といったところだろう。背の低い商店が並ぶアサヒ商店街、その先の日の出会商店街を通過して、土手通りに行きあたった所の「吉原大門」で降車する。土手通りぞいに並ぶ、天ぷらの「伊勢屋」と桜鍋の「中江」は古くからのグルメスポット。その手前の「大むら」ってそば屋も含めて、年季の入った木造商家の並びは壮観だ。

天丼で有名な伊勢屋は通称「土手の伊勢屋」と呼ばれ、このあたり〝土手〟を看板にした店が何軒か見られるが、昭和の初め頃まで先の山谷堀川が道端に流れ、ちょっとした土手が築かれていたのだ。町名の日本堤もその〝堤〟に由来する。

中江の先、いろは会のアーケード商店街の入り口に「あしたのジョー」（矢吹丈）の像が立っているけれど、界隈はジョーの舞台としても知られている。師匠である丹下段平《たんげだんぺい》のジムが「泪橋《なみだばし》」の川っぷちに設置されていたが、泪橋の地名はいまも東方の吉野通りと明治通りの交差点に残されている。もとは南千住寄りの小塚原刑場へ向かう所に存在した思川《おもいがわ》という小川に

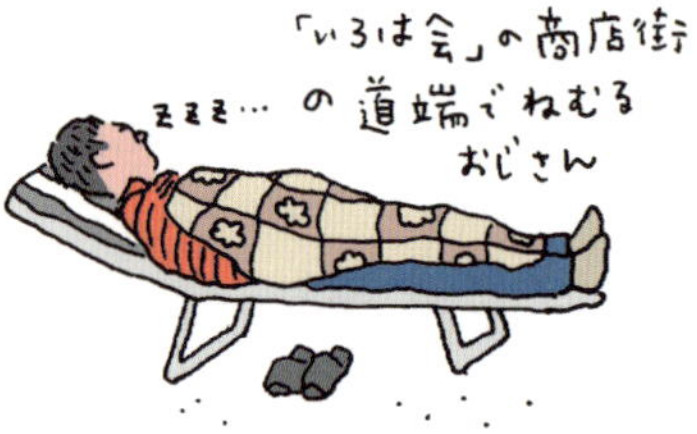

架かっていた橋というが、あたりに川が流れていたのはせいぜい明治前半くらいまでだから、ジョーの時代には当然存在しない。マンガの橋は山谷堀川の古い橋をイメージしたものではないか、と思われる（作者・ちばてつやもこのあたりの生まれ）。

僕の背丈よりも遥かに高い、シュッとした矢吹丈の像を眺めて、傍《かたわ》らのいろは会のアーケード街をちょっと散策してみよう。路端に果物や野菜を並べた八百屋があったり、中古の家電や衣類を雑然と置いた昔ながらのディスカウント店（しかし値札を見るとけっこう高い！）があったり、こういう通り、阪神の下町なんかにはよくあるけれど、東京では珍しい。ジョーのキャラクターが所々に飾られているが、なかでもオッチャンこと丹下段平は町並みによくなじんでいる。というか、そのもののオッチャンがその辺に見受けられる。

横路地に外れると、いわゆる山谷のビジネス旅館街だが、英字の案内とシャレた室内写真を掲げた外国人観光客相手の旅館が近頃本当に増えた。

吉原大門から再乗車したバスは、三ノ輪の駅前から樋口一葉の記念館のある竜泉の町を抜けて、金杉通りを南下、根岸の界隈へ入る。「根岸三丁目」でバスを降りると、目の前に「手児奈せんべい」の懐かしい建物が見える。この古いせんべい屋の横に口を開けているうぐいす通りは好みの道だ。入っていくと、半分剥がれ落ちたような年代物のネオン看板がそのままに

ランチでいただいた「香味屋」のビーフシチュー（ハーフサイズ）。

ヘアーならぬ「ヘャーサロン」の看板。思わず「ヘャー」っと発音したくなる。

なっている。「旅館」らしき文字が読みとれるから、かつては旅館が建っていたのだろう。ネオン看板の廃材、いつか撤去されてしまうのだろうが、消えてしまうのは惜しい。そのちょっと先の美容院の看板にヘアーならぬ〈ヘャーサロン〉と表記されている（しかもャは小文字だ！）のもなんだか微笑ましい。ぶつかった柳通りは文字通り、柳並木の道で、右折した先に大正14年創業の老舗洋食「香味屋」がある。

カミヤ、と読むこの店、いくつか支店もあるけれど、やはりこのちょっと奥まった所にある本店の環境がいい。僕はこういう洋食屋に来るとまずポークソテーなのだが、他の連中がたのんだビーフシチューにポークカツレツ……テーブルに運ばれてきた料理はどれも格別だった。

この柳通り、金杉通り側の入り口にある「ネギシ書房」という本屋に掲げられた、かなり昔の女性誌『婦人倶楽部』の看板の宣伝コピーがイカシている。

〈女のよろこび…妻のしあわせ〉

根岸に来るたび見届けていく看板なのだが、店のシャッターが閉ざ

「女のよろこび…」のコピーが光る婦人倶楽部の看板を出したネギシ書房。

されているのがちょっと心配だ。

根岸は、JRの線路に近い側に史跡が集まっている。短い区間バスに乗って、「入谷区民館根岸分館」で降車すると、尾久橋通りの向こう側をちょろっと入った所にあるのが、「ねぎし三平堂」。先代・林家三平の自宅を使ったミュージアムで、三平ファンの僕は何度か来ているが、本日は休館。このもう一つ線路寄りの筋には「書道博物館」、そして正岡子規の旧居「子規庵」がある。

子規庵は、戦後に再建されたものだが、木造平屋に藤棚のある庭を設けた、子規が暮らしていた当時の環境がうまく表現されている（庭に置かれた蔵は子規の没後ではあるが昭和初頭の築）。素朴な草花が植えこまれた庭に出て、子規の残した句など読んでいると一瞬安らいだ心地になるが、すぐ向こうに派手な看板を掲げたラブホテル街が迫っているのは〝根岸の里〟気分に水を差す。

先のバス停で浅草方面へ行くバスを待っていると、紺ブレに白エリ制服の男の子たちがふざけながら通りすぎていった。一瞬、どこかの私立小学校か？　と思ったが、そうか彼らは先代三平師匠が〝下町の学習院〟と宣《のたま》っていた区立の伝統校・根岸小学校の児童に

ラブホテル街のなかにひっそりと残る正岡子規旧居。

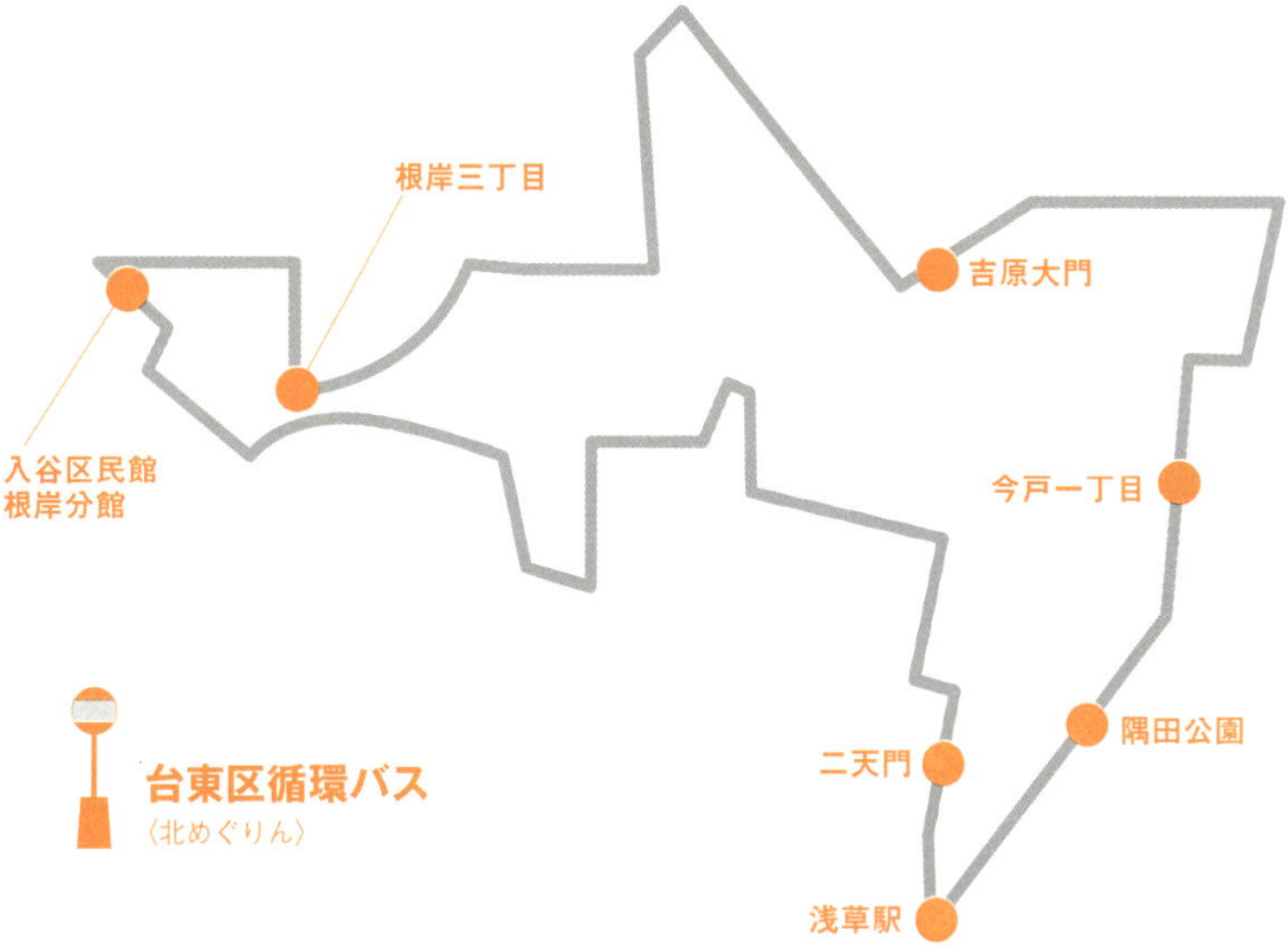

違いない。

この先バスは、入谷から千束に入って、おや？吉原の旧遊郭、ソープ地帯を走っていくのか……と思いきや、台東病院の玄関先でくるっと折り返して、浅草警察署の方へ進んでいく。

浅草終点の手前、「二天門」で降りて、最後に浅草神社、浅草寺に寄り道した。平日の昼下がり、空いているかと思ったら、大した人混みだ。それも大方が外国人。ふと、こちらが異国のどこかの寺に迷いこんだ、外国人になったような、奇妙な感覚にとらわれた。

16

アクアラインの向こうの微妙なドイツ

アクアライン高速バス、日東交通

品川駅東口→袖ヶ浦 BT →東京ドイツ村

品川駅の港南口からは、湾岸道路、アクアラインを通って東京湾の向こう側の房総方面へ行くバスが何本か出ている。このルートを使って「東京ドイツ村」へ行ってみようと、思いついた。所在地は千葉県袖ケ浦市だが、〝大東京〟と銘打ったこのエッセーでは、こういう東京名義の郊外リゾートも訪ねておきたい。

品川の港南の側というと、ひと頃までは貨物の引込み線と工場と庶民的な呑み屋くらいしか見当たらない、いわゆる駅裏（貨物線跡の空き地の特設小屋で『キャッツ』を観た）だったが、この20年くらいのうちにスマートなオフィス街に変貌した。公園脇のバス乗り場のすぐ向こうに見えるコクヨは、建物こそ新しくなったが僕の若い頃からある老舗の文具メーカーの本社だ。

品川駅の港南口からは湾岸道路やアクアラインを通って千葉方面へ行く長距離バスが何本か出ている。

ところで、僕らが乗る木更津方面行きバス乗り場の行先表示に、ただ「アウトレット」というのがあるけれど、これは数年前に木更津にできた「三井アウトレットパーク木更津」のことだろう。

乗車した10時10分発のアクアライン高速バス・木更津駅東口行きは日東交通の車だったが、京浜急行、小湊鐵道の3社が運行している。車内はクロスシートが配置された大型観光バスのタイプで、路線バスの旅の気分からはちょっと外れるが、これはこれで遠足に繰り出すようなウキウキ気分になる。が、10人ほどの客筋をみると、大方は単身のオジサン客で、きちんとしたビジネス服に身を包んでいる。平日のこの時間、仕事で向こう側に渡る人々なのだ。皆、ウキウキ気分からは程遠い、沈んだ顔つきをしている。

鮫洲《さめず》の運転免許試験場のあたりまで下の海岸通りを走っていたバスは、やがて首都高に入って川崎の浮島から東京湾の海底へ潜っていく。このアクアライン、走るのは久しぶりのことだが、千葉の房総側までの時間は思った以上に〝あっという間〟だった。海ほたるの先で地上に出ると、もう木更津側の景色がみるみる迫ってくる。

対岸に着いてまもなく「木更津金田」のバスターミナルに停車するが、周辺は田んぼが目につく農地。品川を出てまだ30分ちょっと、道が空いていれば、いまどき都心から最も早く見られる水田地帯といえるかもしれない。バスターミナルに隣接した広大な駐車場に小型車がズラリと停まっている。なるほど、都心からここまでバスで来て、マイカーや営業車に乗り継いでさらに遠方の家や工場へ向かう人が多いのだろう。一緒に乗り合わせてきたエンジニア風の男は、ここで作業服の人たちに出迎えられて車で去っていった。

バスターミナルの外れに〈龍宮城〉と記された看板を見掛けたが、そうか！　これはあのM前都知事をめぐるニュースの際に話題となった「龍宮城スパ・ホテル三日月」のことだろ

袖ヶ浦バスターミナルからは町道を走る中型バスに乗る。

袖ヶ浦バスターミナルの脇には、昔の千葉を思わせる広大な田んぼがどこまでも続いていた。

う。金田海岸に立つ巨大な建物は、アクアラインで木更津へ入ってくる右手にちらりと確認することができる。

木更津金田の先の「袖ケ浦バスターミナル」で降車、ここで東京ドイツ村行きのバスに乗り継ぐ。こちらも、ターミナルのすぐ向こうはのどかな田んぼ。15分の待ち時間に草深い畦道を散歩して戻ってくると、やってきた東京ドイツ村行きのバスはコンパクトな可愛らしい格好をしている。前と同じ日東交通の車両だが、深紅と薄緑のツートンカラーが昔ながらの路線バス調で悪くない。そして、このバスは高速ではなく、のどかな町道を小刻みに停留所に停まりながら進んでいく。乗客もストローハットやリュック姿の観光客風が見受けられるようになって、ようやくウキウキ気分が昂まってきた。

神納《かんのう》、下新田《しもにった》、三ツ作《みつざく》……千葉の田舎らしいバス停をいくつか通過して、ニュータウンの先の小山を一つ二つ越えると、坂の向こうに東京ドイツ村のゲートが見えてきた。

東京ドイツ村――2001年にこの施設がオープンしたとき、なんじゃそりゃ？　と思ったもんだが、僕はこれまでなんだかんだで2度3度ここを探訪している。先のホテル三日月の開業も02年というから、両者はやはりアクアライン（1997年開通）ありきの物件といっていいだろう。

ゲートにはドイツ（アルザス地方）風民族衣装を着た日本人のおねえさんがいて、その向こうに広々とした草地や花畑、丘の上にドイツ気分のカントリーハウスが見える。東京ドームの20倍近いという敷地は、一見してゴルフ場のようでもあるから、開業前にはそういう構想もあったのかもしれない。

しかし、本日は清々しい五月晴れの日和なので、こういう場所を歩くには実に気持ちがいい。草地の向こうには観覧車や芝スキーなどのアトラクションも備えられているが、腹も減ってきたので、とりあえず丘上に三角屋根や塔楼を見せたカントリーハウスをめざす。

東京ドイツ村バス停。カラーリングもどことなくヨーロピアン。

正式には「マルクトプラッツ」と名付けられたレストランや土産物屋が収容された建物群、一帯にはドイツ民謡が延々と流れている。確か、10年ほど前に来たときには、本場のドイツ人の女性従業員がいたはずだが、一見してあちらの人は見当たらない。とはいえ、スキー場のロッジ食堂風のカウンターでドイツビール、アイスバイン、ソーセージ……といった諸々をオーダー。陽気なアコーディオンの音が耳に残るドイツ民謡流れるなか飲み食いしていると、束の間シュトゥットガルト郊外でピクニックを愉《たの》しんでいるような錯覚をおこす。が、別の方角からにわかにレゲエ音楽が流れ出し、目の前の噴水がチョロチョロと噴き出す

芝生の向こうのメルヘンな街・マルクトプラッツからドイツ民謡が聞こえてきた。

ようなアトラクションが10分間隔くらいで催される。噴水の水量ももうひとつショボかったし、ドイツ民謡をかき消すようなレゲエの選曲も妙だし、意図のよくわからないアトラクションだった。

ドイツ村なのに、なんとなく〝東京ジャマイカ村〟を訪ねたような印象を耳に残して、次の目的地・木更津に移動することにしよう。

平日は東京ドイツ村の前から出るバスも少ないので、10分あまり坂道を歩いて、「農協平岡支店前」という街道ぞいの停留所から、来るときの袖ケ浦バスターミナルへ行くバスに乗った。ここで木更津駅の方へ行く路線に乗り継ぐ算段だったのだが、しばらく便がないことに気づいて、結局タクシーを使う。まあ、ここから木更津市街

まではさほど距離もない。

運転手さんは〝木更津愛〟の強い人のようで、名所史跡やTVドラマ、映画のロケ地などを矢継早に案内してくる。

「お客さんたち、『木更津キャッツアイ』がお目当てのようだから……」

大して「キャッツアイ」のことを尋ねたわけでもないのだが、しばしばロケで使われたという富士見通りの一角で車を降りることになった。八《や》劔《つるぎ》八幡《はちまん》脇のみまち通り、その裏手の昔の遊郭街を思わせる小路や矢那川に架かる赤い橋（富士見橋）などは、DVDを借りて何度か観たクドカン（宮藤官九郎）のあのドラマで見覚えがある（そういえば、あのホテル三日月もCMソングとともにドラマに何度か登場していたはずだ）。

木更津の港近くには歴史を感じさせる商家が散在している。

童謡でも知られるタヌキ寺の證誠寺《しょうじょうじ》の境内を抜け、「お富さん」の与三郎の墓がある光明寺などを横目に中央2丁目の界隈に差し掛かると、交差点の角にいい感じの洋館がある。

玄関口に〈金田屋〉の藍染の暖簾《のれん》が提《さ》がった、アールデコセンスの建物は、昭和7年に建築されたらしい。現在は「金田屋リヒトミューレ」の屋号でアンティーク品を扱っているが、元は明治時代に創業した洋品店という。店主に話を伺ったところ、この店の向かいの出桁《だしげた》づくりの商家も、いまは閉業してしまったが「浜田屋」という古い砂糖

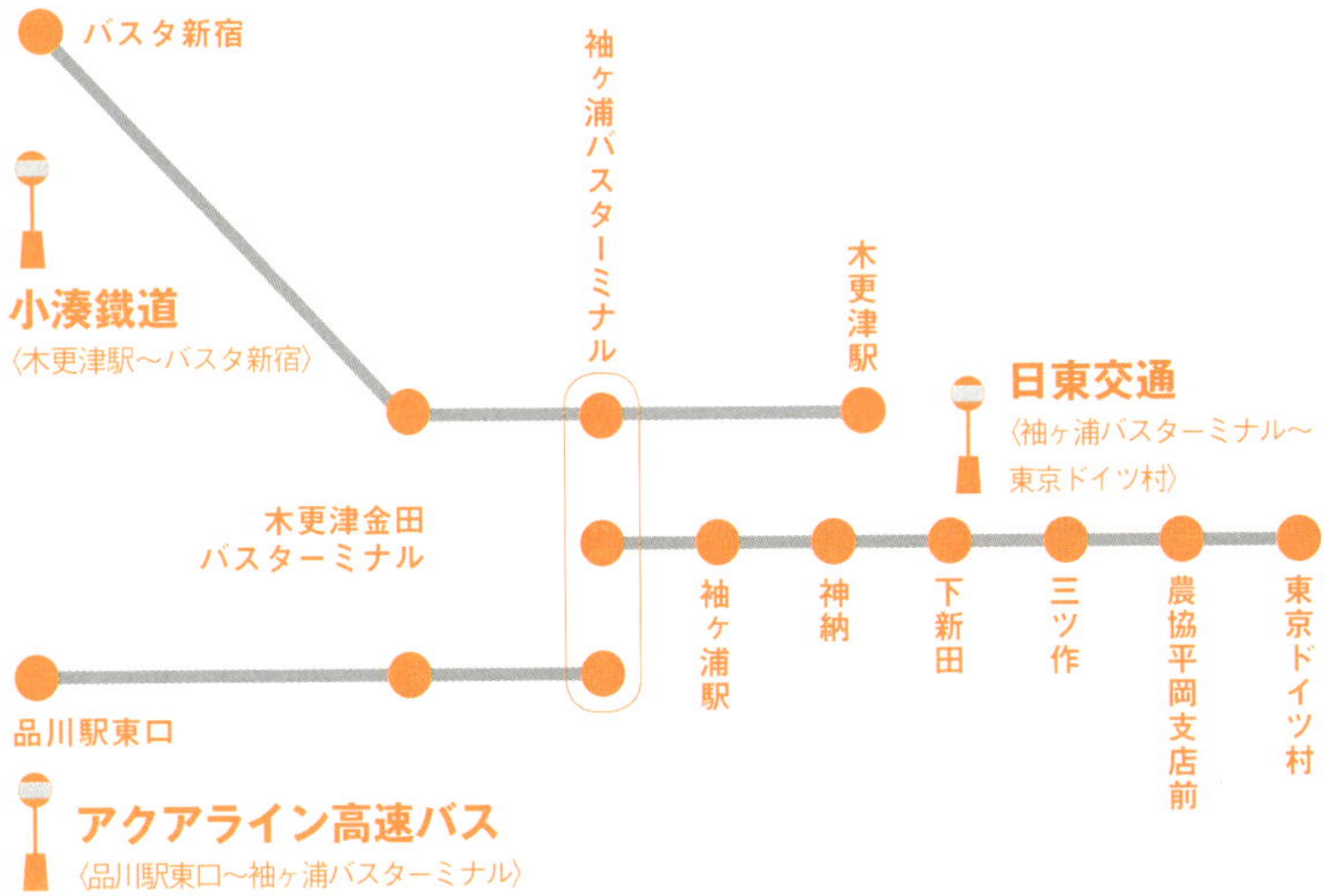

最後は木更津駅前で「證誠寺」の狸像と一緒に。

屋だったらしい。このあたり、数百メートル先の木更津港に向かって、港町らしい渋い古物件が点在している。

　帰路は、木更津駅の西口からバスタ新宿へ行くバス（小湊鐵道）に乗った。木更津金田を出て東京湾の海上に入ったとき、車窓の彼方に高層ビル群やスカイツリーが並ぶ東京の市街が蜃気楼のように見えた。

17

板橋のお山　不動大仏ごった煮巡礼

国際興業バス

東武練馬駅→西台一丁目→赤塚四丁目→吹上

喫茶ボタンの懐かしい卓上型TVゲームに打ちこむなかむら画伯。

板橋区北部の西台や赤塚の台地には、寺や神社、城跡……歴史深い名所がいくつもある。バスを乗り継いで、そういった場所を巡り歩こうというのが今回の目的だ。

出発点は東武練馬。東武東上線の地味な駅だが、そもそも練馬は南の西武池袋線の方より、こちらの川越街道ぞいの方が先に栄えたのである。駅の南口に出ると、すぐ先を横断しているのが川越街道の旧道で、こちら側の練馬区北町の名をとって「北一商店街」の別称も付いている。観音堂や石仏が設置された二股のあたりが昔の下練馬宿の中心地。そのすぐ脇にある「喫茶 ボタン」という教会みたいなつくりの古びた喫茶店は、何年か前にも入ったおぼえがある。

6月下旬のこの日は、まあ梅雨どきとはいえ例のごとくの雨降り（前日まではスコーンと晴れていたのに）で、雨足も強くなってきたのでさっそくここで休憩することにした。薄暗い正統純喫茶風の店内で、着目すべきはテーブルの半数くらいに仕込まれたTVゲーム機。麻雀と花札が主流のようだが、いまどきこれほどの比率でTVゲーム卓が存在する喫茶というのも珍しい。オーダーした珈琲もサンドウィッチもおいしかった。

小さな飲食店が目につく南口に対して、北口の方は目の前に大きなイオンモールが建っている。入り口にあるスタバも、東上線沿線ではけっこう早くにオープンした。徳丸通りを挟んだ向かいに「大木伸胴工業」という会社の建物があるけれど、ここは古い。大正13年に南側の北町で立ちあがって、昭和8年にこちら側に移った伸胴メーカー（銅を加工して銅線や棒を製造する）、かつては向かいのイオンの側もここの工場だったらしい。ちなみに昔の伸胴業は水車の動力を使っていたので、板橋や練馬西方を流れる白子川流域などはその密集地だったという。それから、大木さんというのもこの辺の地主姓の一つで、あの徳川綱吉に命じられて練馬大根の栽培に着手した農民も大木金兵衛といった（伸胴会社との関係は定かでないが）。

西台不動尊は、谷道の奥の秘境めいた崖際にぽつんと存在する。

そんな大木伸胴の真ん前の停留所から西台方面へ行くバスは出る。浮間舟渡まで行く国際興業バスは、徳丸通りを北進して、西徳通りから西台中央通りへと進路をとる。坂を上っては下り、また上り……起伏のある板橋の地形が体感できるコースだ。「南西台（ナンセイダイではなくミナミニシダイ）」という誤読しそうな停留所をすぎて、下り坂の途中の「西台一丁目」でバスを降りた。坂道をちょっと引き返して、円福寺の向かいあたりを傍《かたわ》らの谷の方へ下っていくと、可愛らしい小坊主の絵看板を添えて西台不動尊の入り口の指示が出ている。細い横道を曲がると、その先の崖斜面のような所に不動尊は置かれている。何かいかにも田舎の素朴なお不動さん、って感じがグッとくる。あたりをふらついてココを発見したのはほんの3、4年前のことで、いつかこういうエッセーで紹介したい、と思っていた。足もとの悪い石段をくねくねと上っていった小さな境内に水掛け不動が祀られていたが、ここに至る途中の崖際にも手作り感たっぷりの石像がいくつか置かれていて、これがなかなか味がある。上の道から来るルートもあるのだが、谷の下からのアプローチをお勧めしたい。

不動尊の境内から、上ってきた低地を眺めると、向こう側にも小高い森が見える。一帯は「西台公園」と名付けられているが、往年の里山の跡だろう。そちらをぐるりと回って、再び先のバス通り（西台中央通り）からこんどは反対の志村第五小学校の方へ入っていく。湾曲した道づたいに昔の豪農と思しきお屋敷が並ぶこの道も、明治の古地図に描かれている古道で、やがて左手に天祖神社が見えてくる。田端、堀之下……かつての字《あざ》の名を記した古めかしい神輿蔵《みこしぐら》が三つ四つ並んだ景色が情緒を誘う。この神社の先で道はまた下り坂になって、枝分かれした私道めいた方を進んでいくと、深い竹やぶに囲まれた多摩の山径《やまみち》を思わせる一角に出くわした。なるほど、半世紀くらい前の田園時代の板橋の環境が、西台のこのあたりには辛うじて残っているのだ。

坂下のちょっと先は首都高5号線が通る広い道で、向こう側に大東文化大学のビル建てのキャンパスが垣間見える。大東文化がここに移設し始めたのは昭和36年というから、けっこう古い。まだ一面が「徳丸たんぼ」と呼ばれる広大な水田地帯だった頃だ。

　枝分かれした松月院通り側の大東文化大学前の停留所から成増駅北口行きのバス（〈赤02〉系統・国際興業）に乗車、徳丸や四葉の台地をぬけて「赤塚八丁目」で降りる。すぐ向こうに門を開けた松月院は板橋の歴史に重要な古刹。萬吉山《ばんきざん》の山号をもつ曹洞宗のこの寺、注目したいのは本堂の脇に建立された鉄砲型の碑。これは幕末砲術家・高島秋帆《しゅうはん》の功績を顕彰したものなのだ。西洋砲術の話題が取り沙汰されるようになった天保12年（1841年）春、幕府は高島の指導の下、この松月院に本陣を構え、当時徳丸ヶ原と呼ばれた北方の低地の一帯でカノン砲やホイッスル砲の大演習を決行した。そう、いまの高島平の地名のもとは、この高島秋帆なのだった。

乗蓮寺の門前にあったそば屋にて昼食を。写真は一番人気のセット。

　松月院の奥には、いまや松月院より有名な乗蓮寺の東京大仏がある。高さ、およそ13メートル。黒いセラミック感漂う佇まいからして、あまり歴史は感じられないが、実際建立されたのは昭和52年、1977年のことだから、高島平団地の建設よりも新しい。

　さて、正午を過ぎて腹も減ってきたので、門前通りに「大仏そば」の看板を出した店で、ざるそばや天ぷらを味わって、雨中の道を北方の赤塚城跡の方へと歩く。道端にはかなり水量の乏しい不動の滝なんてのがあり、〈蚊　注意〉の警告板がそこかしこに出ている。数年前

今回の看板シリーズは、「蚊　注意」。数年前のデング熱騒ぎ以来、すっかり凶悪犯になってしまった。

のデング熱の騒ぎ以来、本当にちょっとした緑地にこの〈蚊　注意〉の看板が掲げられるようになった。

城跡のある赤塚公園の一角、区立美術館の前から再びバス〈増17〉系統・成増駅北口行き・国際興業）に乗り、「赤塚四丁目」へ。ナンの目的もない停留所なのだが、最後の目的地である吹上観音へ行くためにはここでバスに乗り継がなくてはならない。いわばバスのトランジット、目当てのバスが来るまでまだ15分ほど時間があるが、雨はますます強くなり、あたりに喫茶店ひとつない。

バス停近くの軒下で雨宿りしながら待っていると、やがて目的の下笹目方面へ行くバスがやってきた。三園通りを北進するこのバスは、成増団地の脇の白子川を越えると、埼玉県和光市に入る。入ってまもなく「吹上」のバス停。バス停の傍らの高い石垣の崖上に吹上観音を祀った東明寺が建っている。

入り口の方角をまちがえて、周辺をぐるりと1周するようにして、ようやく東明寺の参道に入った。白子川の河岸段丘の岬の突端のような場所に置かれたこの寺、新河岸川や荒川側の広大な低地を見渡す山寺の雰囲気が江戸名所図会などにも描かれ、当時は浅草の観音様とこ

吹上の旧道脇に見つけた豊川稲荷。まさにキツネが現れそうな鬱蒼とした森に囲まれている。

の吹上の観音様とを往復参詣するのが一つのコースになっていた、という説もある。

しかし、本堂の観音様が開帳されるのは12年に1度、午《うま》年の限られた日だけということで、いきなり訪ねて拝めるものではない。仁王像が建立された三門、鐘楼などを眺めて外へ出ると、雨に加えて風も激しくなってきた。寺の裏から南方へ続く崖上の道は、地名のとおり、まさに風が吹き上げてくるような場所なのだ。

下のバス通りへ下りていこう……とする間際、傍らの崖斜面に赤鳥居を何本か並べた小さなお稲荷さんを発見。昔の鎌倉街道端に置かれた豊川稲荷のようだ。最後にここで合掌して、帰路の成増へ行くバスを待った。

不動、大仏、観音、稲荷……雨中の板橋ごった煮参詣、何かご利益があるだろうか。

国際興業バス
〈東武練馬駅～西台一丁目～赤塚四丁目～吹上〉
下笹目
吹上
赤塚四丁目
区立美術館
高島平操車場
浮間舟渡駅
赤塚八丁目
大東文化大学
成増駅北口
西台一丁目
赤羽駅西口
南西台
東武練馬駅

大雨の中
楽しそうな
園児

18

バスでダムへ行く

神奈川中央交通

**橋本駅北口→鳥居原ふれあいの館、
愛川大橋→本厚木駅**

ダムの放流に集まったマニアを紹介するようなテレビ番組をぼんやり眺めていたとき、「バスでダムへ行く」なんてキーワードが思い浮かんだ。都内にも小河内《おごうち》ダム（奥多摩湖）というのがあるけれど、奥多摩は去年のいま頃、日原《にっぱら》の鍾乳洞へ行ったから、もう少し離れた所にしたい。そこで浮かんだのが宮ヶ瀬ダム。場所は神奈川県北部だが、ここは橋本や本厚木から路線バスのルートがある。とりわけ橋本から宮ヶ瀬の方へ入っていく進路など、なかなか面白そうだ。

　ダムの観光放流（観光客のために水を出す）が催される7月の第2金曜日（月によって曜日などは変更される）を狙って予定を組んだ。例のごとく、また雨にやられるか……と危惧していたら、この日は珍しく朝から晴天に恵まれた。

橋本駅北口のバスロータリーから、神奈中バスでいざ宮ヶ瀬へ。

　行きは橋本からアプローチする。バスが出るＪＲ橋本駅北口の駅前は、大きなイオンに銀行、カラオケ、居酒屋ビル……ここも一見して八王子や町田とさほど変わりのない郊外都市になった、スターバックスが入ったビル前の乗り場から出発する、鳥居原ふれあいの館行きの神奈川中央交通バスに乗り込む。このあたりは濃淡の黄土色カラーの神奈中バス黄金地帯だが、行き先の鳥居原……というのは、宮ヶ瀬湖の北岸にある施設のようだ。

　朝の9時55分発のバスは、僕らの他に地元の中高年がちらほらという感じで、見るからにダムマニア風の観光客は見受けられない。駅前の繁華街を抜けると、ドライブイン式のレンタルビデオ店、リフォーム店、ドラッグストアー……なんかが目につく郊外らしい街道に入った。相模原市は10年ほど前に城山町や津久井町の領域も取り込んで、規模の広い市になったけれど、昔の城山町のエリアに入ってくると、ようやく景色が山里めいてきた。

崖際の急坂を下ると、広々とした川に架かる立派な橋を渡る。津久井湖下流の相模川に設置された小倉橋は、お茶の水の聖橋や鶴見の響橋にも似た昭和13年竣工のコンクリートのアーチ橋だ。とくに渡った先で振り返ると、この橋とその向こうのバイパスに架けられた新小倉橋とが二重になった、ダイナミックな景観が眺められる（といっても、バスはスーっと行ってしまうので一瞬のことだが）。

バスは城山の麓の根小屋の集落を進む。「荒句《あらく》」「無料庵《むりょうあん》」……ふと降りてみたくなるような風趣な停留所が続く。鳥屋と書いてトヤと読む集落に入ると、もう終点は近い。この地区の一角で「理容ザンギリ」という、ちょっと思い切ったネーミングの理容店が目に入った。

終点の「鳥居原ふれあいの館」に到着した。

当初この施設、昼ドラで石坂浩二なんかが出ている『やすらぎの郷』（2017年放送）みたいな御老人たちのリゾート施設をイメージしていたのだが、地元の農産物などを売る、いわゆる〝道の駅〟的な物件なのだ。

すぐ向こうには宮ヶ瀬湖の青い水面が広がり、湖周辺の地図案内板が出ている。バスが到着したのは10時40分頃。今回目当てにしてきたダムの1回目の放流時刻は11時。しかし、地図を一見して、放流を行うダムのあたりまで相当の距離がある。実際、ここに来る途中で鳥居原のバス終点からダムまで3～4キロの距離があることはグーグルマップで察していたのだが、もしや終点にタクシーが停まっている……なんて光景を仄《ほの》かながら期待していた。が、そういった営業車は全く見当たらない。向こうの駐車場にマイカーが並んでいるだけだ。そう、大方の人は車でやってくる場所なのだ。11時の回は無理だろうが、午後の2時にもう1回放流があるというので、ともかく、ダムの方へ向かって歩くことにした。

湖岸に遊覧船の乗り場が見えたので、下へ向かったが乗り損ねた。

宮ヶ瀬湖は1980年代の後半から工事が始まって、ダムも含めて2000年（12月竣工）に完成した比較的新しい人工湖だ。地図上、潰れたエックスの文字のような格好をした湖の北岸を東へ進んでいるわけだが、車も走るこの道はトンネルも設けられている。お昼前に30度を超えていそうな暑い日なので、スーっと涼気に包まれるトンネルの区間がありがたい。昨夏の鍾乳洞のことをふと思い出した（あれは雨宿りに入ったような感じでもあったが）。

トンネルを抜けると、傍《かたわ》らに湖がまた表情を変えて現れる。今年の関東南部は梅雨どきも雨が少なかったから、湖岸の地層がバウムクーヘンのように、剥《む》き出しになっている。そしてこ

社会科見学
に来ていた
子供たち。
お行儀よく
ダムの放流を
見ていた。
ダムと一緒に
記念撮影
する
おじさん。

の湖、所々に盆栽のキットみたいな小島が浮かんでいるのだが、あれはどういう構造をしているのだろう？　そんな湖面を、先の鳥居原で乗り場近くまで行って乗り損ねた遊覧ボートがダムの方へと走っていく。

　この湖岸道路、トンネルともう一つ、小さな入江に橋がいくつも渡されていて、その一つひとつに周辺の植物にちなんだ名が付けられている。栗の木橋の横にはちゃんと栗の木があり、タラの芽橋なんていうのもあったけれど、タラノキというのがどういう木なのかよくわからない。

　ようやくダムが見えてきたが、複雑な形状をしたこの湖は、そう簡単に目的地に行き着けない。トンネルをまた一つくぐり、湾をぐるりと迂回するようにして、ダム北側の橋詰に到着した。この東側の中津川に向かって湖の水が流れ落ちるわけだが、橋上から下を見渡すと、相当の落差がある。堤高156メートルと出ているが、これは霞が関ビル（147メー

息も絶え絶えでダムへ到着！　素晴らしい景観に気持ちは癒やされる。

トル）よりちょっと高い。そして、好天のこの日、遠方にはランドマークタワーを中心にした横浜のビル群も眺望できた。

なんだかんだで1時間余り歩いて、時刻は12時を回っている。2時の放流までまだ時間があるが、ともかく腹が減っている。今回、放流とともに重要懸案にしてきたのが、ここのレストランで食べられるというダムカレーだ。

ダム上の橋の南詰にある「水とエネルギー館」のレストランへ行くと、さすがに12時過ぎの時間ということもあって、10名あまりの行列ができていた。なかには外国人を交えた7、8人のツアー客もいる。1時近くになって席を確保、僕ら4人は当然のごとく、みな「宮ヶ瀬ダム放流カレー」（1000円）を注文した。

名物の「宮ヶ瀬ダム放流カレー」。旗の立てられたソーセージを抜くと、右側のダムが流れ出てくる仕掛け。

ダムカレーと銘打ったカレーの元祖は黒部ダムと聞くが、ここのは〝放流〟と付いているのがポイントで、皿の真ん中のダムの堤を表すゴハンの壁に突き刺さったソーセージを引っこ抜くと、右方のカレーが左方の温野菜のエリアに流れ込んでくる……というナイスな仕掛けが施されている。ま、さすがにカレーの流れに勢いはないが、ソーセージを抜いてもゴハンのダムが決壊しないのは素晴らしい。裏の厨房のスタッフは、熟練を積んでいるのだろう。

この館の前から出発するインクライン（ケーブルカー）でダム脇の斜

ダムの堤下から出発するロードトレイン「愛ちゃん号」。広大な森やアスレチック施設のある「あいかわ公園」との間を往復している。

面を下って、真下から放流を眺めることにする。集まっているのは社会科見学の子供たち、さっきのレストランで見掛けたツアーグループ、アラフォー見当の女性3人組、老夫婦……といった感じで、本格カメラをセットしたダムマニア風は見当たらない（橋の向こうの管理事務所のロビーにそれっぽいグループを瞥見《べっけん》したが……）。

アナウンスがあって、午後2時ジャストにダム上部の二つの穴から、白い水泡とともに湖水が勢いよく流れ落ちてきた。僕は1度、黒部ダムの放流を眺めたことがあったが、さすがに黒部ほどのボリュームはない。しかし、水しぶきが飛んでくる、これほどの間近でダム放流を見物するのは初めてだ。流れ落ちた水は中津川となって、厚木市街で相模川と合流して相模湾に注ぎ込むのである。

さて、帰路は厚木に至る途中にある飯山温泉あたりで、ひとっ風呂浴びていこう……と計画していた。が、ぼんやり想定していた飯山温泉の方を通るバスが出る宮ヶ瀬の停留所は、ここからまた相当離れた湖の南西岸と発覚。さらに2キロ、3キロ歩く気力はないので、このへんから割合と近い「愛川大橋」のバス停から本厚木方面へ行く路線で帰ることにした。こちらも、バス停へ行く途中まで、社会科見学の子供たちと一緒に「愛ちゃ

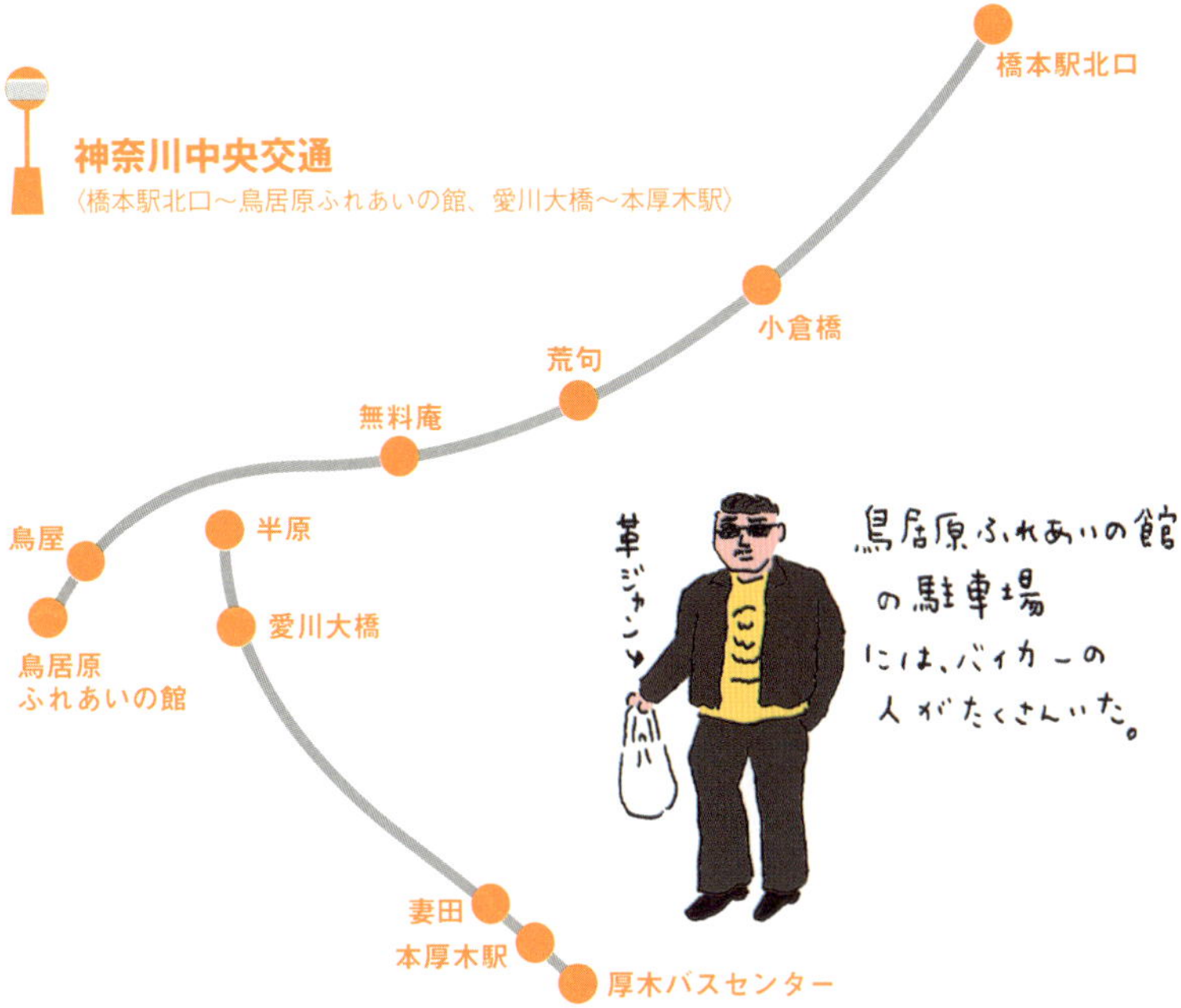

ん号」というオトギ列車風のバスに乗ったり、愛川大橋近くの一角で不気味なマネキン人形の首を置いた天神様に遭遇したり、それなりの収穫はあったが、やはりフィナーレは温泉で締めくくりたい。

こういうときにスマホは便利である（奥多摩旅の後、入手した）。車中でサッと検索し、途中の「妻田」バス停からちょっと歩いた先に「湯花楽」という天然温泉施設があるのを発見。ここで汗を洗い流していくことにした。

露天風呂、炭酸泉、源泉かけ流し、ラジウムミスト風呂……と、いろいろ揃ったスパリゾートって所だったが、思えばこういう厚木の〝水商売〟にも、宮ヶ瀬ダムの水は大いに貢献しているのだろう。

19

ニコタマ発　崖線名所巡り

東急バス

二子玉川駅→成育医療研究センター、
鎌田→宇奈根ハンカチ公園

二子玉川から西方の岡本町の方へ入っていく、面白いバス路線がある。僕が初めて乗った１９９０年代の頃は用賀との間を結んでいたが、いまの終点は「成育医療研究センター」。最初その行先を見たときは、え、どこ？　と思ったが、これは昔の大蔵病院なのだ。このバスに乗るべく、東急の二子玉川駅へやってきた。

バスの乗り場は駅東口の二子玉川ライズの一角。タワーマンションとショッピングモール、公園などが融合した広大なスペース。ひと昔前までは遊園地の二子玉川園（その後はナムコ・ワンダーエッグ）が存在していた場所で、僕の世代はいまだに駅名を二子玉川園、と〝園付け〟で呼びたくなる。１９８０年代の頃から耳にするようになった〝ニコタマ〟という呼び方も、いまやすっかり定着した。

二子玉川ライズの一角にある蔦屋家電。いかにもニコタマらしい物件、ともいえる。

乗車するバスの時間までまだちょっと余裕があるので、乗り場のちょうど向こう側に見える蔦屋家電のスターバックスで珈琲でも飲むことにした。ここは〝家電〟といってもシャレた家電商品までインテリアに含めた、いわゆる蔦屋書店の郊外店といったところ。洋書の棚の傍らの席で、ちょっとスカしてドリップ珈琲を飲んでいると、向かい側の男がインスタ映えしそうなピスタチオグリーンのパンを皿に載せて、ノートパソコンのキーボードを黙々と叩いていた。

成育医療研究センター行きのバスは、コミュニティーバスでよく使う小型の車両で、銀に赤帯の東急カラーが可愛らしい。この路線は狭《きょう》隘《あい》な区間を走るので、以前も〝コーチバス〟と呼ばれる小型車両を使っていた。

玉川通りを瀬田の方に少し戻って、玉川高島屋の先を左折していくこの道は、かつて玉電の砧《きぬた》支線が走っていた筋である。僕が中学生になった69年の春に廃止されて、その秋に玉川高島屋ができあがった。「中耕地」「吉沢」といったバス停は玉電時代の駅に由来するものだが、もはやわかりやすい鉄道時代の遺構は見られない。

バスは吉沢の先で右手の山側の方へ曲がっていく。一瞬、向こうの崖地の緑が見えるが、田園調布や野毛の方から、ずっと世田谷の南西の縁に続く崖の線を国分寺崖線《がいせん》という。野川というか広い意味では多摩川左岸の河岸段丘で、見晴らしのよい崖際には明治時代の後半あたりから、政財界人の別荘が置かれるようになった。

「世田谷総合高校（旧・砧工業高校）」の先から、バスは民家園一帯の木立に覆われた道を進んでいく。「静嘉堂《せいかどう》文庫」のバス停を過ぎると、道は一段と急勾配の坂になって、さらにくねっと横道を曲がって玉川病院の玄関口で停まった。バスはここに立ち寄った後、また静嘉堂文庫の先の方へと進んでいくわけだが、この病院の前でいったん降りることにする。病院のすぐ脇から、崖線の深い森が広がっている。

捕まえたカブトムシ。下の角がくるんと丸まっているが、サイズはなかなかのもの。

カブトムシが来る木には、当然カラスもやってくる。

いざ森のなかの坂道を下ろうとしたとき、「あっ！　カブト……」。目のいいスタッフのTが入り口の木にカブトムシを発見した。木肌にイボイボがついたこの木は甲虫好みの樹液を出すシラカシだ。カブトムシはその幹をずんずん下りてくる。手の届く所まで来たので、指先でつまみ取った。トゲトゲした脚の感触がイタナツカシイ。ツノが未発達の小型とはいえ、いまどきの世田谷でカブトムシとはちょっと驚きだ。傍らで一部始終を見ていた地元のオジサン（僕と同年代くらいか？）が、「ここいるんだよ。オレ10匹くらい捕まえたよ」と自慢気に語っていたが、「10匹」は多少話を盛ったとしても、常に棲息しているということだろう。それにしても、われわれが来るのを見計らったように上から下りてきたあのカブトムシは、いわゆる〝出好き〟の奴なのかもしれない。

そんな崖の森の右手一帯は「旧小坂家住宅」として一般公開されている。先に政財界人の別荘地……と書いたが、ここは信越化学工業などを創業した財界人、かつ政治家としても知られた小坂順造が1937年に建てた別邸で、湧き水の小川が流れる崖地の庭も見所だが、館内の造りや残された調度品も面白い。北山杉の柱、屋久杉の天井、洋間のマントルピース……さらに、「女中さん呼び出し機」とされる妙なブザーや

かなり年季の入ったGM社製の冷蔵庫。当然ながら現在は使用されていないが、往時はどんな食材が入っていたのだろう。

戦前製のＧＭ社の大型冷蔵庫、なんかがそのまま保存されていたりする。庭木の枝葉が乏しい冬場は、窓外に富士山が望める日もあるというが、富士といえばあの横山大観が茶室を間借りしていた時期もあったらしい。

この家、清水組（現・清水建設）が設計、施工したようだが、すぐ並びの玉川病院の敷地は当初、創業者一族の清水揚之助の別宅だったというから、これもお隣さんの誼《よし》みってやつかもしれない。

坂を下りた向こう側の丘に広がる静嘉堂文庫は、三菱財閥・岩崎家の別荘地で、とりわけ弥之助と小弥太が所持した書籍や美術品を収納した文庫として知られている。しかし、残念ながらこの日は、外側の門から閉まっていて、前庭に入れなかった。館内の見学はともかく、スクラッチタイル張りのイングランド風味の洋館の佇まいが素敵なのだが……。

麓《ふもと》の岡本公園民家園の方を訪ねてみようと、坂下の丸子川ぞいの道を歩いているとき、川岸の枝先にカワセミを発見した。これはすぐに逃げられてしまったが、よくよく見ると川面の上をハグロトンボがチラホラと飛び、川底を赤いアメリカザリガニが這い、モツゴかコブナか……小魚の魚影も見受けられ、初っ端のカブトムシからして世田谷国分寺崖線の自然環境も捨てたもんじゃない。

区内に存在した江戸期の茅葺き主屋や土蔵を移築した岡本民家園、開園は80年というから、

無人販売に野菜を買いにきていたおばちゃん

「俺たちの坂」で、劇中のカットをイメージして記念撮影。

この種の民家園としては早い方だろう。主屋にはちょうど幼稚園児たちが見学に来ていて、囲炉裏にくべた薪の匂いがツゥンとあたりに漂っていた。

民家園の脇の急な石段（48段ある）を上がると、素朴な岡本八幡神社がある。静嘉堂からこの神社にかけての景観は、おそらく昭和の初めごろから変わっていないのだろう。

崖線上の道をさらに奥の大蔵方面へ進んでいくと、邸宅の間にまだけっこう畑が残っている。コインロッカー型の野菜の無人販売機にカボチャ、キュウリ、ジャンボシシトウなどの品札が出ていた。「岡本三丁目」のバス停を過ぎると、やがて仙川の方へ下る急峻な坂に出くわす。急な坂というのは各所にあるけれど、視界の開けたところを一直線で下っていく、この坂上からの眺めはすごい。ひと頃は確か、前方の丘陵に向ケ丘遊園の観覧車が見えて、この町に住んでいるユーミンの『かんらん車』って唄の世界を勝手に重ねたものだが、向ケ丘遊園はもはやない。

坂上に置かれた道標によると、東京の富士見坂の一つには数えられているようだが、地図に掲載されるほどの正式な名称はついていない。先頃、CSチャンネルで70年代後半の青春ドラマの名作『俺たちの旅』を久しぶりに続けて観ていて、カースケ（中村雅俊）、オメダ（田中健）、グズ六（秋野太作

＝当時・津坂まさあき）の３人組がしばしば座り込んで語り合う坂上がココ、と判明した。井の頭界隈が主舞台のドラマだから、せいぜい三鷹か小金井あたりの坂をイメージしていたのだが、坂下右手に自動車教習所（東京日産自動車教習所）が映り込む構図は、この場所に違いない。僕はこの岡本三丁目の急坂を「俺たちの坂」と名付けることにした。

仙川の向こうの氷川神社の脇を抜け、永安寺に立ち寄ってから多摩堤通りまで出てきた。この夏は天候不順だったが、雨降りが定例の当バス遊覧、いよいよ雲行きがあやしくなってきた。「鎌田」のバス停近くに見つけた不二家のファミレスでランチをとって、空模様を気にしつつ、本日もう１本のバスを待つ。二子玉川発の循環路線〈玉04〉（あるいは〈玉05〉）に乗って、向かうは宇奈根ハンカチ公園。

あいにくの天気でうなだれてしまっているヒマワリ。公園の名は、一角に植えられたハンカチの木というのに由来する、と後で知った。

宇奈根は周辺の地名だが、ハンカチ公園とは何ぞや？　ハンカチ落としで知られる公園だったりするのか……いろいろ想像をふくらませたが、ここはどうやらヒマワリの花畑が名物らしい（かつてはバラ園だった）。

ほんの二つ三つ先のバス停「宇奈根ハンカチ公園」で降りて、少し道に迷いながら目的地に着いた。先ほどからいよいよ雨がぽつぽつと降り出してきた。

見落としそうな看板しかない地味な公園（小ぢんまりした一角に遊

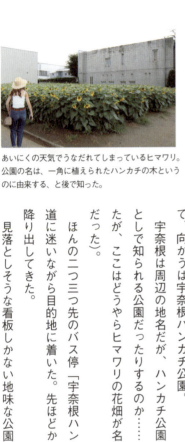

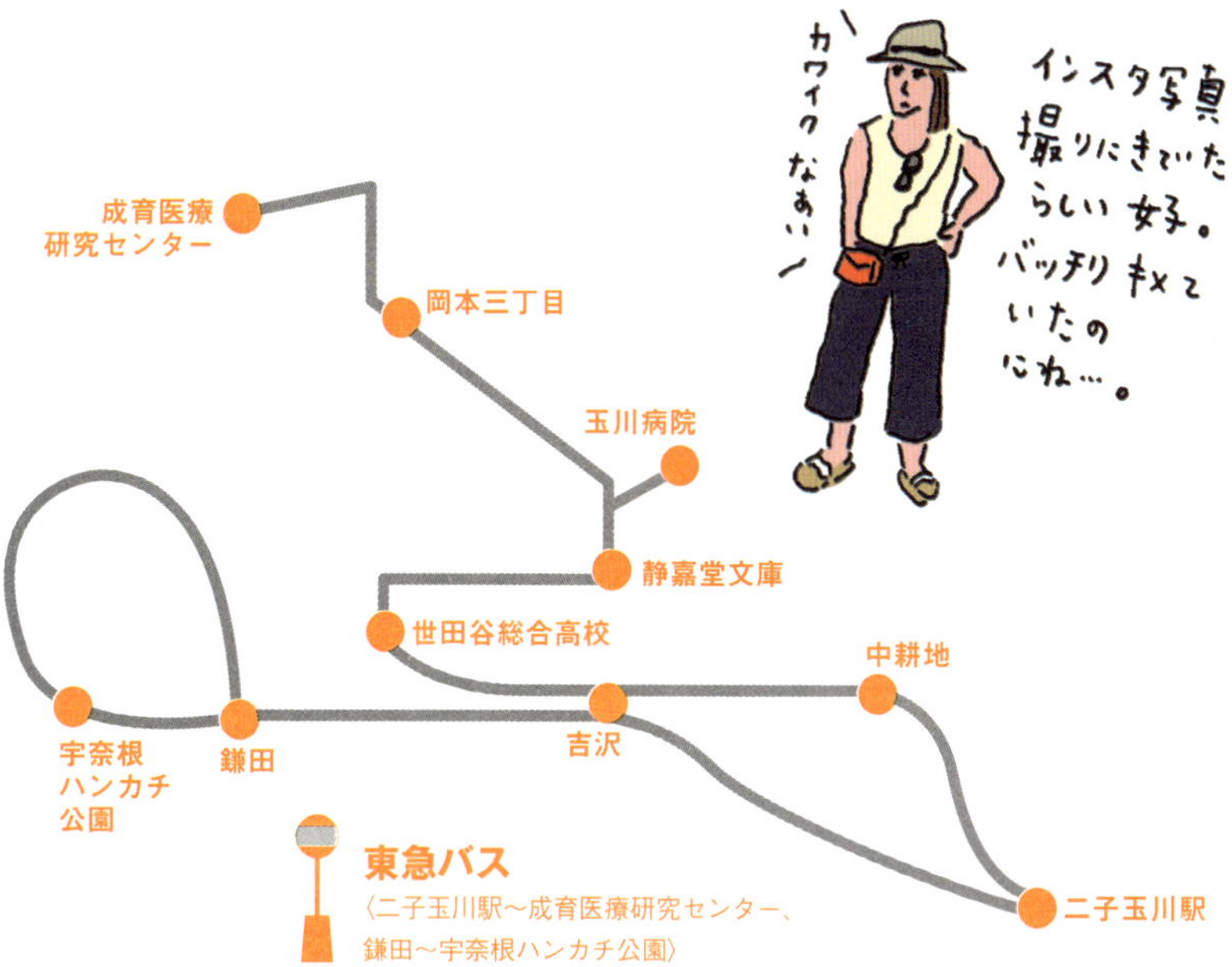

具が一つ二つ……）だが、すぐ向かい側に20メートル四方くらいのヒマワリ畑が広がって、意外にも若い女子グループとカップルの姿がぽつぽつと見られる。スマホを片手にピクニック特集の雑誌モデルみたいなファッションでキメた女子たちの佇まいからして、そうか……これもイカすインスタ写真のゲット、が目的なのだろう。

が、かわいそうに、降り出した雨のせいもあって、ヒマワリの大方はショボンと下を向いて、しなだれている。

「ぜんぜん、カワイクなぁい」

女の子たちの嘆きの声が聞こえてきた。

ま、うつむいたヒマワリってのもそれなりに哀愁がある……と、長く生きていると思うのですけどねぇ。

20

ハチ公バスで行く奥渋谷の奥の奥

ハチ公バス

夕やけこやけルート、丘を越えてルート、
春の小川ルート

〈夕やけこやけルート〉のバスは恵比寿の裏通りを進んでいく。恵比寿新橋付近。

しぶい顔で、ハチ公と記念撮影する外国人の親子

渋谷の周辺をハチ公バスという可愛らしいバスが走るようになって久しい。最初のルートの開業が2003年の春だというから、コミュニティーバスとしてはベテランの方だろう。

僕が初見したのは以前代官山に仕事場があった頃だったが、いまの富ヶ谷の仕事場へ行くときにも渋谷と代々木上原の間を走っているルートをよく使う。このバスが走るエリアは、いわゆるトレンディー地帯といっていいだろうが、知られたメインストリートよりも、むしろ意外な裏道に入っていったりするのがハチ公バスの魅力でもある。そんな知る人ぞ知る地味な停留所を目当てに、ハチ公バスの旅を展開していこうと思う。

まずは、渋谷の忠犬ハチ公像の前に集合、御本尊と記念写真を撮って、すぐ横の恵比寿方面行きの乗り場から〈夕やけこやけルート〉のバスに乗車する。ハチ公バスの車両には赤、オレンジ、スカイブルー、と3色あるけれど、このルートのバスは深紅に近い赤。恵比寿方面行きだから、東口の明治通りを進んでいくのかと思ったら、一旦、桜丘の坂上をぐるりと迂回していく。そして、その後も素直に明治通りを進むわけではなく、246から青学の横道、さらに常盤松御用邸あたりを巡回して、ようやく恵比寿の駅前にやってきた。ともかく、バス好きにはたまらない込み入ったコースなのだが、細かく進路説明していたらきりがないので、多少ハショリながら案内していこう。

恵比寿の東口に出てきたバスは、五差路手前のルノアールとびっくり寿司の間の通りに入っていく。このあたり、近頃ビストロやバール系のグルメ店が増殖している界隈だが、道幅は狭い。やがてバスは、一段と狭い一方通行に進入、「新橋区民施設」なんて停留所を過ぎて、その次が「豊沢児童遊園地」。ここで途中下車してみよう。

「遊園」ではなく「遊園地」と言われると、観覧車があるような大きな規模をふと想像してしまうが、降りようとしたとき、車窓越しにちっぽけな子供の遊び場が目に入った。砂場とすべり台、ブランコの手前に微妙な目つきのパンダ遊具がある。それと、入り口の脇に〈豊沢之地〉と刻んだ碑が立っているが、豊沢というのはこのあたりの旧町名なのだ。

手前の新橋区民施設前の狭隘《きょうあい》路を走るバスの写真をおさえようと、ちょっと道を引き返す。新橋というのは、この途中にある渋谷川に架かる恵比寿新橋のことだが、昭和30年代まで周辺には新橋町の名が付いていた。当時の地図を調べると、新橋区民施設（ひと頃まで新橋区民会館といった）の隣り、バスが通る狭い道の所はドロップのサクマ製菓の工場だったのだ。

バス停で向こうから来るバスの写真を狙おうと思っていたら、もうバスは区民施設前を通過しようとしている。30分に1本見当のダイヤだから、乗り損ねると後に響く。バスが途中の信号で引っかかることなどを考慮すれば、先の豊沢児童遊園地まで引き返した方が早いかもしれない。久しぶりに全速力でダッシュして、どうにかバスに再乗車した。

ここからまた渋谷へ戻るわけだが、この先の進路も面白い。「加計塚小学校」という、いまどきふとあの獣医学部の学園を連想してしまう恵比寿ガーデンプレイス脇の小学校の前を通って、代官山アドレスや蔦屋書店のあるTスクエアの裏通りを抜けて、鉢山町の方から渋谷の西口へアプローチする。

井の頭線の入り口前の停留所から、こんどは〈丘を越えてルート〉に乗る。オレンジ色のこのハチ公バスは僕が日々よく使うルートで、乗ってまもなく109に差しかかるあたりでおなじみのテーマソングが車内に流れる。

豊沢児童遊園地に置かれた、微妙な目つきをしたパンダ遊具。

♪ハチ公バスだワン！ワン！ワン！　のぼりくだりの渋谷の町を

ニューミュージックセンスの童謡、って感じのなかなかいい曲（二日酔いのときなどに聞かされるとイラッとくるが……）である。

東急本店前、松濤美術館の先から山手通りに入って東大裏へ。ハチ公バスもルートによって客層は異なるが、このバスは圧倒的にお上品なマダム層が目につく。

富ヶ谷交差点から井ノ頭通りに入って代々木上原の駅前が一応渋谷発の終点。が、そのまま乗っていると、こちら側からのバスは古賀政男音楽博物館の先で右手の狭い商店街に入っていく。そう、ハチ公バスのルート名には曲名がいくつか採用されているが、この、〈丘を越えて〉は、古賀政男のヒット曲にちなんだものなのだ（実際、富ヶ谷から代々木上原にかけてのダウンヒルの区間は、〝丘を越えて〟って地形でもある）。

東北沢から東大裏に抜ける通りに出たバスは、東大の北門の前から左手の東海大学通りに進んでいく。東海大学前の門脇にある「はつらつセンター富ヶ谷」の停留所で途中下車。ちょっと人に伝えるのが恥ずかしい感じのこのバス停の名は、すぐそばにある高齢者の集会施設に由来する。

知る人ぞ知るご当地グルメ「ハチ公ソース」。けっこうヴァリエーションがある。

その向かい側の東海大学の敷地に、東京タワーの上部をチョンと切って持ってきたような電波塔が立っているけれど、これこそがわが国のＦＭ放送の幕開けとなった「ＦＭ東海」の電波塔なのだ。現在のＦＭ東京の前身でもある。

少し道を戻って、この通りの入り口までいくと、角にある酒屋（小西酒店）の棚に地場ソース「ハチ公ソース」が並んでいる。終戦直後の昭和21年に発売されたこのソース、少し井ノ頭通りの方へいった一角に１９７０代頃まで工場が存在した。その時代からの縁で、この酒屋が昔から直売している。

　そういう理由でハチ公バスがわざわざこの道を通っているわけではなかろうが、東海大学前の商店街は割合と古い店が残っていて、ホッとする。この日は、地元の神社（かなり離れているが、代々木八幡）の祭り旗が出ていたが、歳末の時期にはいまや珍しくなった〝大売出し〟の赤い旗がぽつぽつと沿道の店前に並ぶ。仕事場から近い、なじみの道を歩いて、贔屓の喫茶店「山手茶屋」でウマいカレーを腹に入れ、富ヶ谷の停留所からもう１本、〈春の小川ルート〉のバスに乗ってみよう（さらに〈神宮の杜《もり》ルート〉というのもあるが、これは今回はパス）。

　渋谷区役所前から原宿の方を迂回してやってくるこのバス、「春の小川」というのは単に童謡のタイトルを当てただけでなく、その詞のモデルの川が昔の渋谷川上流（河骨《こうほね》川）とされているからだろう。しかし、この路線のコースはそこからさらに外れて、北西の笹塚の方へと向かっていく。

　山手通りの代々木八幡の先から幡代の方へ進み、甲州街道をちょっと戻って、新国立劇場横のオペラ通りなんてのを通って、再び山手通りに入ると、方南通りの１本手前の意外な脇道に折れていく。

　この辺の町名は渋谷区本町。北方に中野区本町というものもあるので紛らわしい（ちなみに前者はホンマチ、後者はホンチョウと読む）が、こちら渋谷区の本町はもともと幡ヶ谷本町だったのだ。そのまま

はつらつセンター富ヶ谷のバス停で待つ帽子がカッコイイおじさん

細田守監督のアニメ『バケモノの子』で描かれていた六号通商店街の街並み。

本町の氷川神社横の狭隘路を走るハチ公バス。ここもれっきとした渋谷区なのだ。

幡ヶ谷を上に残しておけばよかったものを、ダメな町名改称の代表例といっていいだろう。

町名はつまらないが、このバスの道筋は面白い。渋谷というより中野区的な、くねくねと湾曲した道をしばらく進み、本町4丁目と5丁目の境界線をまたクランク状に入りこんでいって、氷川神社の門前のY字路をわざわざ左方の狭い方に進路をとる。ようやく2車線ほどの道幅になった「六号大通り」の停留所で降車、バスで走ってきた狭いクネクネ道を引き返して散策する。

乗車しているときから、グッとバスマニアの心をくすぐるものがあった、氷川神社の前の二股の所で向こうから姿を現すバスをカメラで狙う。素朴な神社の脇の狭い道からカーブを切ってバスがやってくる、このショット、とても渋谷区内とは思えない。小さなハチ公バスが、一見往年のボンネットバスに見える（実際、初期のハチ公バスにはフロントが若干突き出た車両があったはずだ）。

満足のゆくカットをデジカメに収めて、先の六号大通りから幡ヶ谷駅の方へと歩いていく。直進する道はやがて狭くなって、六号坂通り、六号通り、と微妙に名前を変えるが、この数字の名称は現在の通

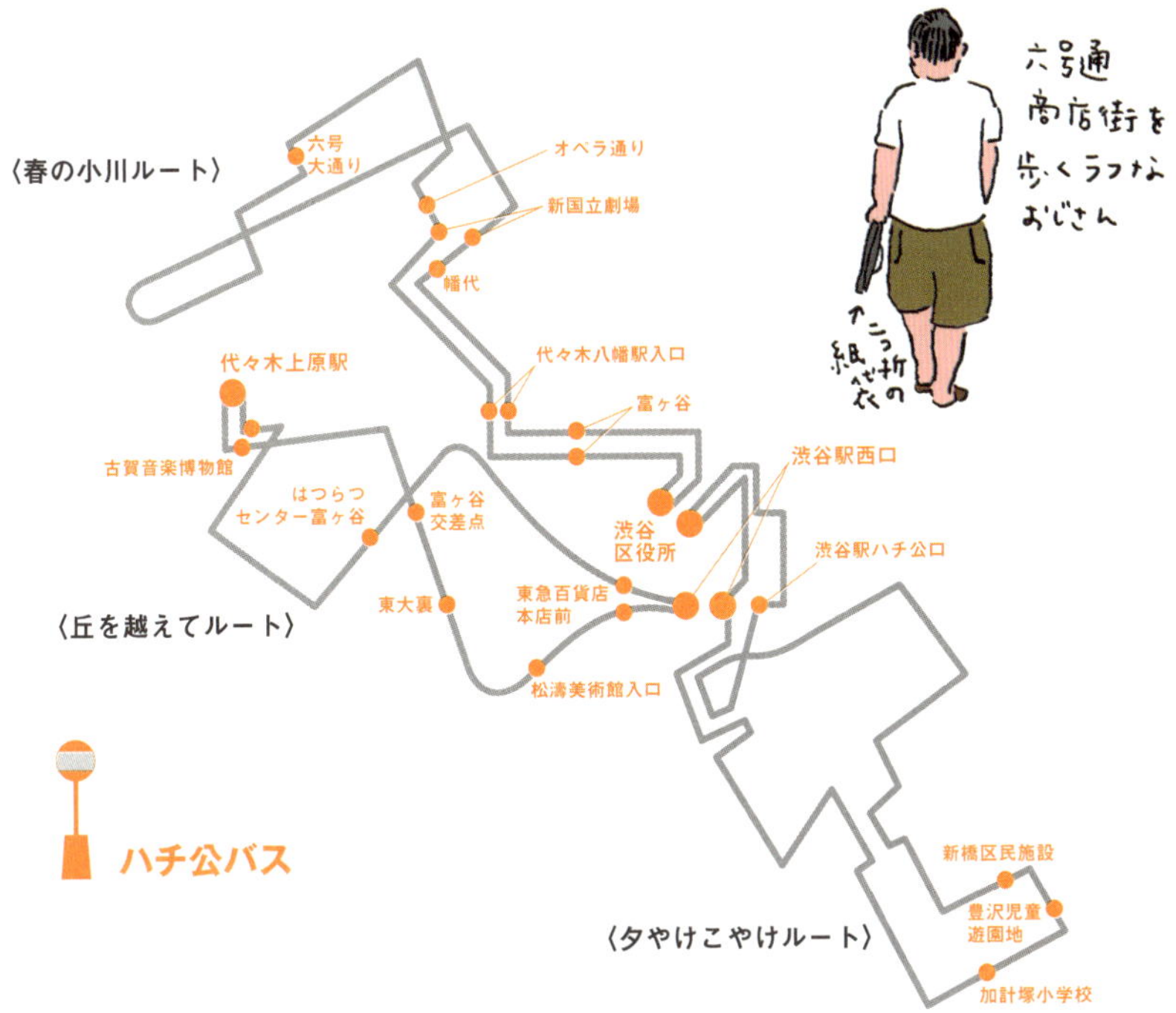

称「水道道路」の道端の水路に架かっていた橋に由来する。かつて、笹塚あたりから玉川上水の水を淀橋浄水場へ送り込んでいた時代、新宿の方から順に一号橋、二号橋……と橋に番号を付けた。その名残りで橋を渡るタテ筋の道に六号通り、七号通りの名称が引き継がれている。

六号坂通りのあたりから、背の低い商店筋が延々と甲州街道の幡ヶ谷駅の横まで続いている。ちなみにこの商店街、2015年に封切られた細田守のアニメ映画『バケモノの子』で、精密に街並みが描かれていた。

近頃、東急本店の裏からNHKのあたりを奥渋谷と呼んだりするらしいが、いやぁ本当に渋谷の奥の奥の方まで来てしまった。

21

安行の植木と江戸袋の獅子舞

東武バス、国際興業バス

竹の塚駅西口→安行原久保 (東武バス)
峯八幡宮→十二月田中学校 (国際興業バス)

竹の塚駅西口の素朴な商店街。とはいえ、片側はビル工事の最中だから、やがて景色は激変するのかもしれない。

東武伊勢崎線（スカイツリーライン）の竹ノ塚は、東京の23区内ほぼ最北の駅だ（トラム線を含めれば、日暮里・舎人ライナーの見沼代《みぬまだい》親水公園の方がちょっと北）。この駅は、僕が小学生の頃、東口に竹の塚団地ができて〝田んぼのなかのマンモス団地〟と話題になった記憶がある。

今回乗ろうと思っている〈竹05〉安行原久保循環のバスが出るのは西口。ショッピングビルに囲まれてバスターミナルが見える東口と較べて、古風なパチンコ屋の脇から狭い商店街が口を開ける西口は、いかにも駅裏の風情。パチンコ屋横の道を入っていくと、「エリカ」という、いい感じに枯れた喫茶店もある。ここでゆっくりオチャする余裕はなかったが、創業54年になるというこの店、惜しくも2017年限りで店を閉めてしまう、とマダムから伺った。

駅前商店街を通り抜けた先の中央通りの一角（大踏切横）に「竹の塚駅西口」のバス乗り場はある。やってきたのは、オレンジ色の東武バス。足立区北部ではおなじみの路線バスだ。尾竹橋通りを北上して毛長川の橋を渡ると、埼玉県の草加市。車窓に畑が目につくようになってきた。古い農家があったと思ったら、〈歌謡スタジオ〉の看板を出したスナックがあったり、スーパー銭湯があったり、郊外の新開地らしい景色が続く。やがて川口市に入ると、遠方にこんもりとした

安行原久保バス停の横は昔風の植木屋。

安行の樹里安（ジュリアン）で催されていた植木市。

木立ちがぽつぽつ見えてきた。いわゆる安行《あんぎょう》の植木屋地帯である。車窓の景色を確認しながら、「安行原久保」の停留所でバスを降りた。

一旦通り過ぎた安行支所の方にかけて、庭木に取り囲まれた昔ながらの植木屋が何軒も並んでいる。これといった門もない、庭径のような所を入っていくと、寺の堂宇を思わせるような立派な母屋がドカンと建っていたりする。

しばしば資料に使っている昭和32年刊行の平凡社の『世界文化地理体系』（日本Ⅱ関東）の巻に、〝行田の足袋〟などと並んで〝安行の植木〟が関東の名産品として解説されている。これによると、明暦3年の江戸の振袖火事の直後に、安行村の吉田権之丞という男が焼跡の江戸に植木を出荷して評判になったのが発端らしい。

木立ちと家並を眺めるだけでもホッと安らいだ心地になるが、ちょっとした園芸植物を小売しているような家は見当たらない。盆栽なんかを買える場所はどこかにないものか？　道端に出ていたおばあちゃんに尋ねてみたところ、「ジュリアン、っていうのがありますよ。ずっと行ったスタンドの横を曲がったあたり……」と教えてくれた。

ジュリアンとは何ぞや？　老婦の口から発せられた「ジュリアン」と

いうアンバランスなフレーズにも魅かれて、指示された方向（歩いてきた安行原久保の方だ）をズンズン進んでいくと、1キロ近く歩いた青果市場の一角にその施設を発見した。

ジュリアンは「樹里安」と表記する、緑化センターの愛称なのだった。館の1階部と前庭ではこの日（10月8日、第2日曜）、ちょうど植木市が催され、道を挟んだ向こう側のスペースには富士宮やきそばなどの露店が出て、ステージでは何の因果かベリーダンスのショーをやっている（ダンサーは、地元の女性グループと思われる）。

イベントの内容はともかく、植木商品の方は、20数万円の盆栽からイチジクなどの珍しい果実モノの鉢植えまで、なかなかヴァラエティーに富んでいる。もちろん、安くていいものもある。800円の値札を付けた、ハゼの木の小鉢を思わず買ってしまった。葉先が若干紅葉しはじめて、土面に付着したコケの緑とのコントラストが味わい深い。安行の地場モノ、と聞いた。

そろそろ昼食の頃だが、埼玉の川口で富士宮やきそばってのも味気ないので、散策中に見つけた寿司屋で天ぷら定食などをいただいた（濃い目に漬かったヌカ漬けの味がいかにも田舎らしくて妙な風情を感じた）。

国際興業バスが停まる峯八幡宮停留所。

次の目的地・江戸袋の方へ行くバスをスマホのナビ情報で調べたところ、しばらくない。店のおかみさんに伺うと、少し歩いた「峯八幡宮」という所からは何本も始発が出ている、というので、そこまで歩いていくことにする。

停留所名の峯八幡宮、正確には峯ヶ岡八幡神社といい、源氏ゆかり（清和源氏の祖・経基《つねもと》の創建と伝えられる）の由緒ある八幡様らしいが、今回は立ち寄る余裕がない。このバス停からは、10分刻みで川口駅の方へ行く国際興業バスが出ているようだが、13時過ぎの便に乗車すると、ほんの10分かそこらで「江戸袋」に到着した。

この地に興味をもったのは、まず地名。都の江戸と何らかの因果を感じたわけだが、どうもこのエドは、水が淀む＝ヨドがもとらしい。地図を眺めると、この地で毛長川の流れが袋状に巻いているから、まさにそういう地勢だったのだろう。

しかし、由緒ある地名であることを裏付けるように、ここには古くから独特の獅子舞が伝わっている。バス停のすぐ横の氷川神社ではこの日、秋の獅子舞が催されていた。

小ぢんまりとした境内に3頭（人）の獅子が出て、笛や鼓の音に合わせて舞い踊っている。獅子に扮しているのは皆、小学校高学年くらいの男の子たちで、一見して踊りがぎこちない子もいる。横からオトナが指導する声が聞こえてくるあたりも、のどかな里の祭り風でわるくない。そして、紫の覆いをして、後頭から背中にカラスの羽根を思わせる黒光りした毛が垂れ下がっている姿は、ちょっとぞくっとするものがある。

監督役の男の説明によると、踊りは2頭のオスの獅子が1頭のメスの獅子にチョッカイを出す様を表現しているらしく、地団駄を踏むように足がバタバタっと地面を踏みつけるアクションから、〝江戸袋のバッタバッタ舞〟の俗称もあるという。子供たちの獅子舞も良かったけれど、桜の木の幹に背もたれして、なんとなくふてくされたような顔つきでシンバル調の金楽器（銅拍子などというらしい）を叩く初老の男の姿が目にとまった。あの男、子供の頃からこの土地で獅子舞を踊ってきた……先達らしい余裕が漂っていた。

獅子舞の神社を後に、江戸袋から再び川口駅東口行きのバスに乗る。あずま橋通りというこの道を1キロほど行くと、これ

♪ピーヒャラ　ピーヒャラ
笛の音にのせて、獅子に扮したかわいらしい子供たちが舞い踊る。

また印象的な停留所に差しかかる。

「十二月田中学校」——これ、なんと読むのか？　地図で初見したとき僕は、十二月・田中学校（ジュウニガツ・タナカガッコウ）と読んで、ニンマリした。実は、この取材スタッフに「田中」という男がいるのだ。しかし、十二月の田中学校ってのもワケがわからない。

十二月田・中学校、と区切ることにはすぐ気づいたが、バスのアナウンスが流れるまでは、ジュウニガツダ・チュウガッコウと思いこんでいた。

「次は、シワスダチュウガッコウ」

おーっ、そうか。十二月に師走をかけているのか。なかなかシャレている。NHKで古舘伊知郎がやっている番組に投書したくなった。

十二月田中学校 —— 一発でシワスダと読める人は相当の地名通であります。

周辺には十二月田中学校、十二月田小学校、そして十二月田歯科というのも見つけたが、横道の奥にある十二月田稲荷というのがどうやらこの地名の出自らしい。

ちょっと荒くれた面持ちのキツネの石像が2体、社《やしろ》の前に置かれた小さなお稲荷さん、十二月田についての由緒書きは掲示されていなかったが、十二月田小学校のHPにこんな説が載っている。

「昔、十二月（師走、しわす）の寒い日に神様の使いといわれる狐たちが集まって杉の葉で田植えの真似をして豊作を願った、といわれること

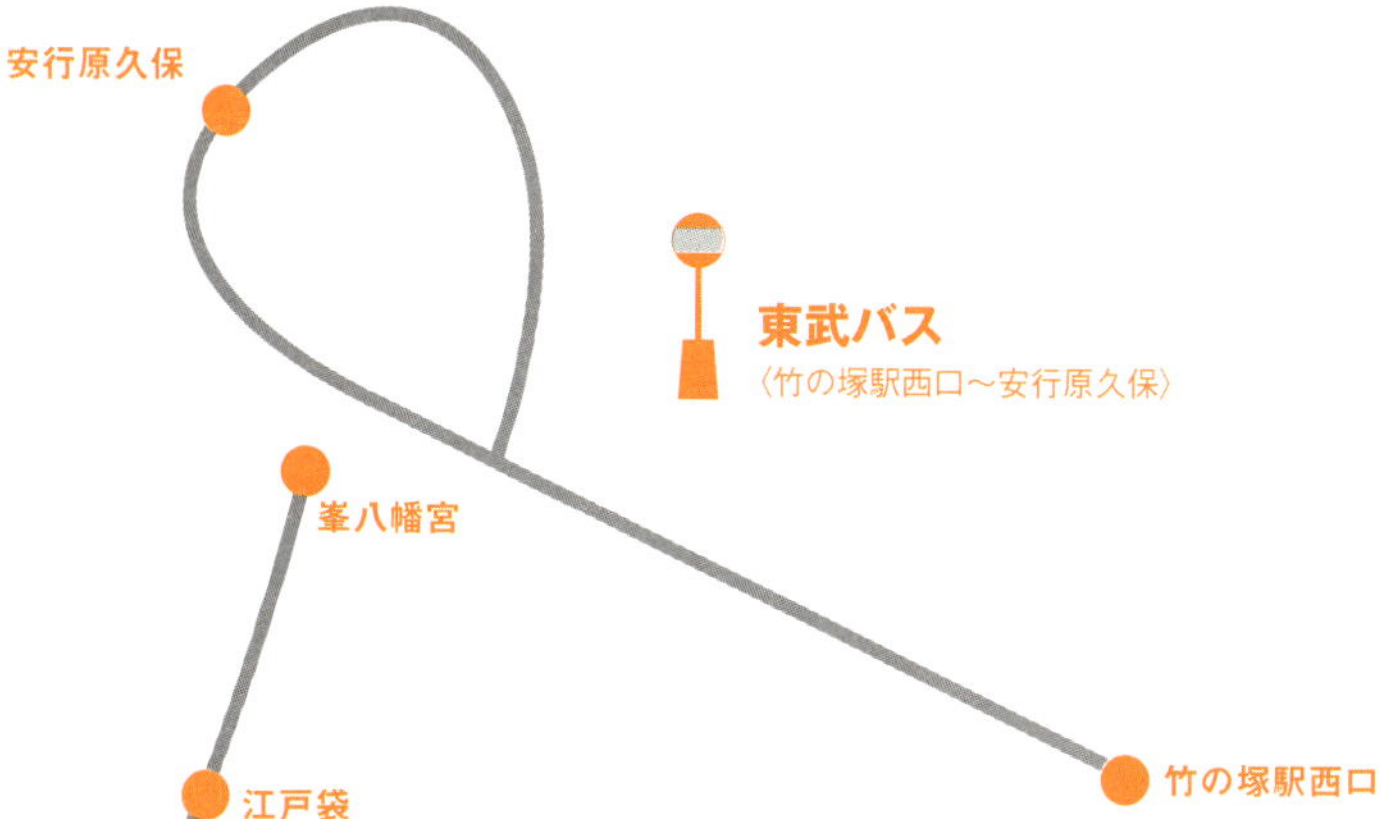

からこの地名がつけられました」

一瞬、ムリヤリな説、と思ったけれど、そうか、地理的にも近い王子稲荷の狐の行列は大晦日の催事だから、その流れをくんだ伝説かもしれない。

また、少し南方の足立区には六月（こちらはベタにロクガツと読む）という町があるから、そこも関係性を感じる。江戸袋の獅子舞のように、キツネに扮した子供たちが踊るお祭りが師走の頃にあったら、面白いのにな……。

22

今井橋のウナギと行徳旧街道

都営バス、京成トランジットバス

亀戸駅前→今井 (都営バス)
相の川→本八幡駅南口 (京成トランジットバス)

亀戸香取神社に建つ「亀戸大根之碑」の横で、大根のポーズをとってみる。

亀戸天神に祀られているのは勉学の神・菅原道真公。地名のとおり、池に亀も多い。

亀戸の駅前には10系統以上の都バスが集合している。隅田川東方の江東区や墨田区は都バスの黄金地帯なのだ。さて、ここから今井行きのバスに乗るつもりなのだが、ちょっと亀戸の名所を見物していこう。

まずはなんといっても亀戸天神社。もう何度も来ているけれど、勾配のある太鼓橋を渡って入っていくアプローチは印象的だ。橋の向こうの藤棚は昔ながらの名所だが、数年前からその背景に東京スカイツリーが加わるようになった。撫牛《なでうし》の像をはじめ、菅原道真《すがわらのみちざね》関係の神像で知られる所だが、奥の方には「国産マッチ創始者の碑」なんてレアな記念碑も見受けられる。

北方の口から出て（この辺、ひと頃まで料亭が2、3軒あったがもはや見当たらない）、東方の亀戸香取神社にも立ち寄っていこう。塚原卜伝《ぼくでん》や千葉周作ら、武道の偉人に崇拝されたことから〈スポーツの神〉のキャッチフレーズも付いているようだが、この境内にはもう一つ〈亀戸大根之碑〉というユニークな石碑が立っている。西の練馬大根と同じく、かつて周辺で作られていた江戸野菜の一つ。亀戸四丁目交差点近くの老舗料亭「亀戸升本（弁当で有名）」で、これを使った

一之江境川親水公園に保存されている都電（旧・城東電車）の線路。実在した場所からはズレている。

坂本商店にいたおじさん。
キャップについているバッチは坂まくん!?

料理を味わうことができる。

最近、昭和レトロ調の看板建築の町並みに整えられた参道（V6・坂本クンの実家の八百屋さんもある）を歩いて、駅前（北口）のバス乗り場に戻ってきた。

〈亀26〉今井行きのバスは京葉道路を一直線に東進、荒川と並行する中川に架けられた小松川橋を渡る。東小松川の交差点を右折して船堀街道に入っていくとき、右手の宝くじセンターの派手な看板が目にとまる。

「出たぁー7億円」とか、「総額65億円」とか。この辺、ちょっと南方に江戸川競艇場もあるから、そういうギャンブル好きをターゲットにした看板なのかもしれない。

首都高をくぐった先から斜め左の今井街道へ。片道一直線の道ぞいに2階建ての素朴な商店が並んでいる。「しらさぎ通り」のプレートが出た「西一之江三丁目」でバスを降りた。

歩道の路面に昔懐かしいトロリーバスのイラストのタイルが嵌《は》めこまれている。101の番号を掲げたこのトロリーバスは、昭和43年の9月までこの通りを走っていたのである。さらに、それ以前は城東

かつてはトロリーバスが走っていた「しらさぎ通り」の歩道には、バスのイラストタイルが。

電車（晩年は都電）というチンチン電車が道端を走行していた。バス停の少し先に入り口がある一之江境川親水公園に線路の一部が保存されている。

そんな線路が置かれた親水公園のフェンスの向こうに、大きな池とシンボリックな塔が垣間見える。当初、公園の一角かと思ったら、塀に仕切られた別施設のようでなかなかそちらの入り口が見つからない。ぐるりと回りこむようにして、一之江通りの方から進んでいくと、妙宗大霊廟（申孝園）という日蓮宗系の寺院施設だった。法華経の宝塔をイメージしたという仏塔と池を設えた庭園は、まだ周囲が田園地帯だった昭和3年につくられたものらしい。

〈亀26〉のバスはこの先、「一之江駅前」に立ち寄って、新中川に架かる瑞江大橋を渡ると終点の「今井」。都営アパートの玄関口に置かれた操車場は、都電やトロリーバスの時代からほぼ位置が変わっていない。そして、このバスに当てられた〈亀26〉という系統番号も、都電時代の26番（東荒川―今井橋）に由来するものなのだ。

アプローチの長い今井橋の高架下をくぐって篠崎街道の横道に入ると、ちょっと昔の江戸川らしくなってくる。小さな富士塚を設けた香取神社があったけれど、亀戸の香取神社に始まって、今回のバス遊覧コースには実に香取神社が多い。ヨットや釣り船が停泊する旧江戸川の川端から今井橋の人道橋を歩いて、対岸の千葉県市川市に入った。

　こちら側も橋の脇に香取神社が祀られている。その門前を通って、昼飯の目当てにしてきたウナギ屋、「そめや」を訪ねる。すぐ目の前の突き当りのようになった川端に謂れ書きが立っているが、ここが昔の渡し場（今井の渡し）であり、昭和40年代頃まで今井橋の旧橋の橋詰だった所だ。

　そんな川端の町の玄関口に建つそめやは、屋号のとおり、染谷さんがこの地で昭和28年から営業するウナギ屋で、いまの御主人・正男さんで3代目。そもそも先祖は明治時代の初めから利根川で川魚を釣って売っていた。

　74歳の御主人が自らの手でさばいて、備長炭の炭火で焼くウナギは、蒲焼、白焼きの串売りの他、飯モノはサンド（4900円）、特（3000円）、上（2400円）と等級分けされている。サンドとは、飯の間にもウナギが入った重ねモノ、ということだろうが、思いきったネーミングがいい。

　そして、なんといっても正男主人の〝キャラが立った〟佇まいにグッとくる。一見して〝格闘技系〟という感じだが、水彩絵の具やマーカー

そめやの御主人。するどいまなざしと、頭のハートのギャップがよいです

老舗のウナギ屋「そめや」にて待望のランチ。

などを使って自ら描いたプロはだしのポスターが店内に何点も飾られている。若い頃から愛聴しているというエルビス・プレスリーやキャロル（矢沢永吉）の似顔絵、当日はちょうど安倍総理とトランプ大統領の会談にあやかった作品が仕上がって、壁に張り出されたところだった。

「トランプの前髪んとこが長いんで、その上にウグイスのっけてみたんだよ」と、イラストもシャレが効いている。

往年の江戸川風情を感じる店でウナギを味わって（さすがにいまのネタは江戸川産ではないが）、ちょっと先の停留所で本八幡方面へ行くバスを待つ。京成トランジットバスの「相の川」バス停（町名の表記は相之川）。道の向かい側に古びた寿司屋が2軒並んでいる。さっきそめやのおやじが、「店始めた頃は、ウナギはもちろん、クロダイなんかも海の方から入ってきて目の前で釣れたらしいね……」なんて言っていたが、そういう地場ネタから始めた寿司屋なのかもしれない。しかし、どちらの店もシャッターが下りている。

ふと旅情を誘う相の川バス停。向こう側に古めかしい寿司屋が見える。

バスは狭い行徳街道を進んでいく。中宿、欠真間《かけまま》……と、停留所の名も旧街道らしいが、「香取」と書いてカンドリと読むバス停に停まった。すぐそばにやはり香取神社がある。

車窓にぽつぽつと古い家が見えていたが、道がＬ字状にクランクす

江戸川の堤に置かれた行徳船着場の常夜燈。

行徳四丁目にある「笹屋うどん跡」の古家。

る「伊勢宿」のバス停で降りると、このあたりからはとくに古い建物が目につく。鈴木畳店というのがあり、その隣に土台から上の棟を外して修繕中の出桁《だしげた》づくりの家があり、さらに少し先に浅子神輿店というのがあった。ここはもはや建物だけ保存された無人家のようだが、室町時代末からの店らしい。

そして、「行徳四丁目」のバス停近くに存在するのが「笹屋」という昔のうどん屋の建物。この店はなんでも、源頼朝にうどんを振る舞った……という伝説をもつ。頼朝軍が石橋山の合戦に敗れて安房《あわ》へ逃げ帰る途上、うどん屋仁兵衛と名乗る男が彼らにうどんや酒を振る舞い、その礼に頼朝から源氏の家紋・笹りんどうを授かったのが笹屋の発祥……といったことが、代々保存されてきた、六曲屏風に記されているようだ。

笹屋うどんの斜め向かいに見える、レンガ塀と唐破風《からはふ》の軒が印象的な古家は、行徳名産の塩を江戸に卸していた塩問屋・加藤家の明治後期の建物。そして、この家の横道が旧江戸川に突きあたった堤の上に江戸時代に機能していた常夜燈が立っている。

背の高い石灯籠型の常夜燈は、文化９年（１８１２年）、成田山詣でこの船着場に出入りする信者たちが安全祈願をこめて寄進したものなの

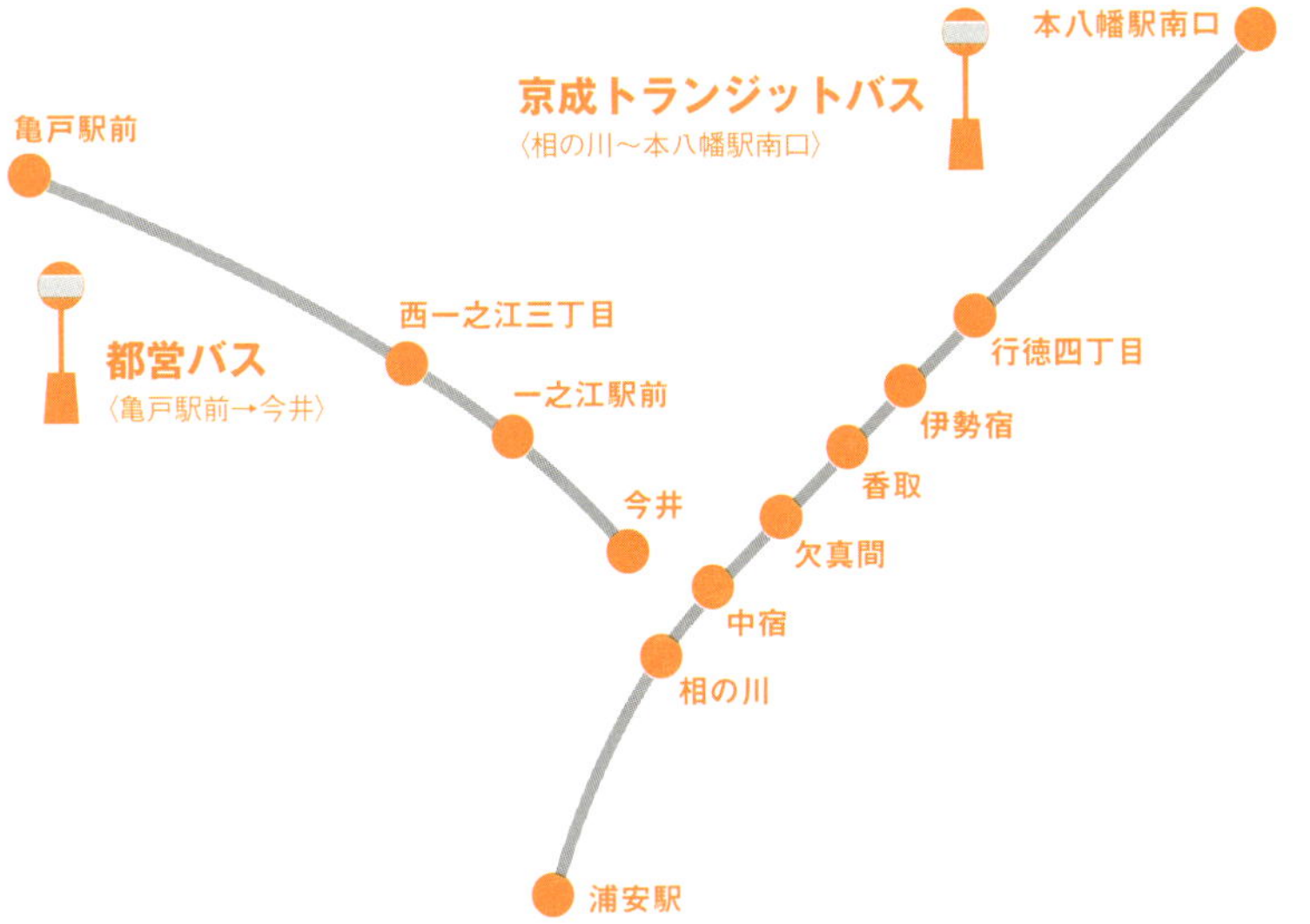

だ。往路は日本橋の小網町から乗船して隅田川、小名木川、新川を経由、この行徳の浜から陸路を使って成田山をめざした。常夜燈の脇に展示された江戸名所図会のカットに、この船着場の先の街道の笹屋も描かれていたが、そういう参詣客や塩の業者によってうどん屋は栄えたのだろう。

　堤から対岸の東京（江戸川区篠崎あたり）を眺めていたら、なんだか船で帰りたくなってしまったが、残念ながら水上バスは走っていない。江戸由来の商家の建物が並ぶ旧行徳街道の停留所で本八幡へ出るバスを待った。

23

足袋とフライの城下町漫遊

行田市市内循環バス

観光拠点循環コース、
北西循環コース

埼玉県北部の行田へ行ってみたいと思う。熊谷東方の小さな町だが、ここはいろいろと見所がある。〝埼玉の源〟ともされる「さきたま古墳群」というのがあり、石田三成の水攻めで知られる「忍《おし》城」というのがあり、「ゼリーフライ」なんていう妙なローカルフードがあり、そしてなんといっても最近はドラマ『陸王』の舞台にもなった、古き足袋生産の町として認識されている。僕はこれまでに2、3度、何らかの取材で訪れているけれど、ネットを調べていたら、近頃市内を循環するコミュニティーバスが走っていることを知った。これをうまく使って、町を散策してみよう。

町の中心地に近いのは、秩父鉄道の行田市駅なのだが、行程の都合上、JRの行田駅からアプローチする。駅前にやってきた行田市内循環バスの〈観光拠点循環コース・左回り〉というのに乗車して、まずは〝さきたま古墳〟が散在する「埼玉古墳公園前」で降車。ちなみにこのあたり、住居表示板も「埼玉」と記されているが、古墳と同じく「さきたま」と読む。

一見して広大な原っぱのなかに、古墳の小山がぽこぽこ見える。丸墓《まるはか》山古墳、稲荷山古墳、将軍山古墳、鉄砲山古墳……いくつかの案内板が出ているが、バス停のちょっと先に丸い椀《わん》型の姿を見せた丸墓山というのに上った。上空から見た格好も直径105メートルの整った円型で、下からの高さは、19メートル。6世紀後半くらいに築造されたものらし

バス停から近い丸墓山古墳は、その名のとおりポコッとした丸い格好をしている。

水城公園の北方にある忍城。

い。

頂からは2キロほど先の忍城も眺められるが、石田三成も水攻めの際にここに陣を置いたのだという。いい枝ぶりの桜が何本か植えこまれているから、春は花見客も訪れるのだろう。

この先に「古代蓮の里」という名所もあるようだが、ま、この季節（冬）の蓮田を眺めてもしょうがないので、市街方向へと歩く。佐間という町を過ぎて、右方に進めば古い足袋蔵の多い向町や旭町の界隈だが、左方に広がる水城公園に立ち寄っていこう。往年の忍城外堀の名残という広々とした池の一角に、中国の庭園を思わせるような太鼓型の石橋が渡されている。そう、この橋『陸王』で役所広司がランニングしている背景によく映りこんでいた。本日は平日で空いているけれど、土日はいわゆる〝聖地巡礼〟のファンがそこらじゅうでスマホを傾けているのかもしれない。

ところで、この公園の一角にひと頃ゼリーフライを揚げ売りするスタンド店があったはずだが、通りすがりの人に伺ったところ、引っ越してしまったらしい（ゼリーフライの正体については後述）。

水城公園の北方に忍城がある。いまの三階櫓はおよそ30年前に再建さ

どこかで見たような……、
そうだ、あの『陸王』の“こ
はぜ屋”さんに違いない。

れたものだが、室町時代中頃に築かれた城とされ、明治初めの廃藩置県の折に廃城となった。いわゆるバブル期に復刻された城とはいえ、関東圏の小都市の城としては立派な方だろう。

忍城という名は、この地にいた忍一族というのに由来するらしく、戦後の昭和24年に市政化されるまで町の名も「忍（おし）」だった。行田に改称されたのは、忍市（おしし）だと呼びにくいせいかもしれない。

城に隣接する「行田市郷土博物館」に足袋生産の歴史資料が展示されている。江戸中期の明和2年（1765年）に刊行された中山道の案内書に「忍のさし足袋名産なり」なんて記述が見られるそうだが、大工場が出現して大量生産が始まるのは明治の20年代以降。ミシンの普及に加えて、日清戦争と日露戦争、二つの戦時に海軍から軍艦内で履く足袋の大量受注を受けたのが発展の契機となったようだ。

展示物のなかで、思わず釘付けになってしまったのが昔の足袋ラベルのコレクション。

満足たび、正直足袋、乙姫足袋……ネーミングも様々だが、組体操をする若者3人組をユルいタッチで描いた「カルワザ」とか、強そうな力士が弓取りをする様子を描いた「弓取印」とか、デザインもなかなか

郷土博物館に展示されていた、往年の足袋ラベル。（取材時）

凝っている（少女時代の美空ひばりそっくりの娘を描いたラベルも見掛けたが、たぶん無許可なんだろうな……）。

行田市駅の南方、八幡町と呼ばれる旧道商店街の周辺には古い足袋蔵が点在している。そして、関連したミシン製造、販売の看板も目につく。八幡神社の横道を入っていった所に、おやっ？　と思う物件を見つけた。

門柱に「イサミコーポレーション」と表札を出して、奥に古めかしい工場の棟が建ち並んでいる。ここ、表札の名義こそ違うけれど、『陸王』の「こはぜ屋」ではないか……。大正6、7年頃に建設された棟が保存された、市内でも最古の足袋工場（現在は被服工場）らしい。

お昼近くなって腹も減ってきた。商店街で見掛けた、一見して気さくそうなオジサンに問い掛けた。

「この辺にゼリーフライ、食べられる店ないっすか？」

「ゼリーフライはないけど、フライとやきそばの店ならその先にあるよ。オレ、昔から通ってるんだけどウマイよ」

なんて指示に従って、歩いていくと、さっきのオジサンが車で追ってきて、「フライとやきそばのセットで頼むのがいい。マヨネーズをかけてね」と、減速しながらわざわざ念を押して

ランチに注文するは、もちろんオススメのフライとやきそばのミックス！

フライ　やきそば
にしかた
☎56-5712

地元のオジサンが絶賛する「にしかた」さんに到着。


去っていった。

〈フライ　やきそば〉と素朴な看板を出した「にしかた」という店で、地元オジサンの指示通り、やきそばとフライのセットを注文した。やきそばはともかく、ここでいう「フライ」は、よくある衣をつけて油で揚げたフライではなく、お好み焼のようなものなのだ。

小麦粉を水で溶き、ねぎ、豚肉、卵などの具を入れて、平ったく焼いたもので、「お好み焼」といっても通るメニューだが、この町では古くからフライと称する。足袋工場で働く忙しい従業員の間食として広まったもので、フライパンでチャッと仕上げることが多かったのでフライの名が定着した……と、以前取材先で聞いた。

そして、今回は味わえなかったゼリーフライ。こちらはフライの製法とはまるで違う。オカラを主材料にしたコロッケ風の揚げ物で、ゼリーとは「ゼリーのように軟らかい」、

あっちだよ
フライと焼きそばのお店をおしえてくれたおじさん

3つお願いしますね
フライをお土産に買っていくおばあさん

あるいは「銭（小判）に似た格好からゼニが訛《なま》った」などなど、諸説ある。

さて、腹ごしらえをして市内循環バスで少し遠方に足を延ばそう。「市役所前」から〈北西循環コース・右回り〉という路線に乗ると、このバスは利根川の川岸近くまで行ってくれる。バスといっても、車両はいわゆるワゴン車で、混んでくると助手席にも客が乗る。

行田市駅の北側に出ると、やがて車窓は田んぼが広がる田園風景となった。「老人福祉センター」というバス停で降りると、すぐ脇を見沼代用水が流れ、ちょっと行った先に利根川の水を取り込む堰（利根大堰）がある。そう、大宮や浦和の田園地帯を通って東京の足立区の方まで流れてくる見沼代用水の始点はココなのだ。そして、歴史を遡《さかの》れば、三成が水攻めの際に造成した堤の利根川側の起点もこのあたりではなかろうか。

〈北西循環コース〉のバスは小さなワゴン車を使っている。

ここまで来たら、大堰の脇に架かる武蔵大橋を渡って向こう岸まで渡ってみたい（さらに2、3キロ上流には渡船もあるが、この日のような強風だと運航しない）。この橋、車道主体で歩道は狭いのが片側に設けられているだけだが、取材当日は12月の澄んだ冬晴れで眺望は実に良い。下流にくっきりと筑波山、上流の彼方に雪をのせた山稜は榛名山だろうか……。いや、しかし風が強い。冷えたカラッ風が容赦なく吹きつけてくる。橋の途中にわかりやすい表

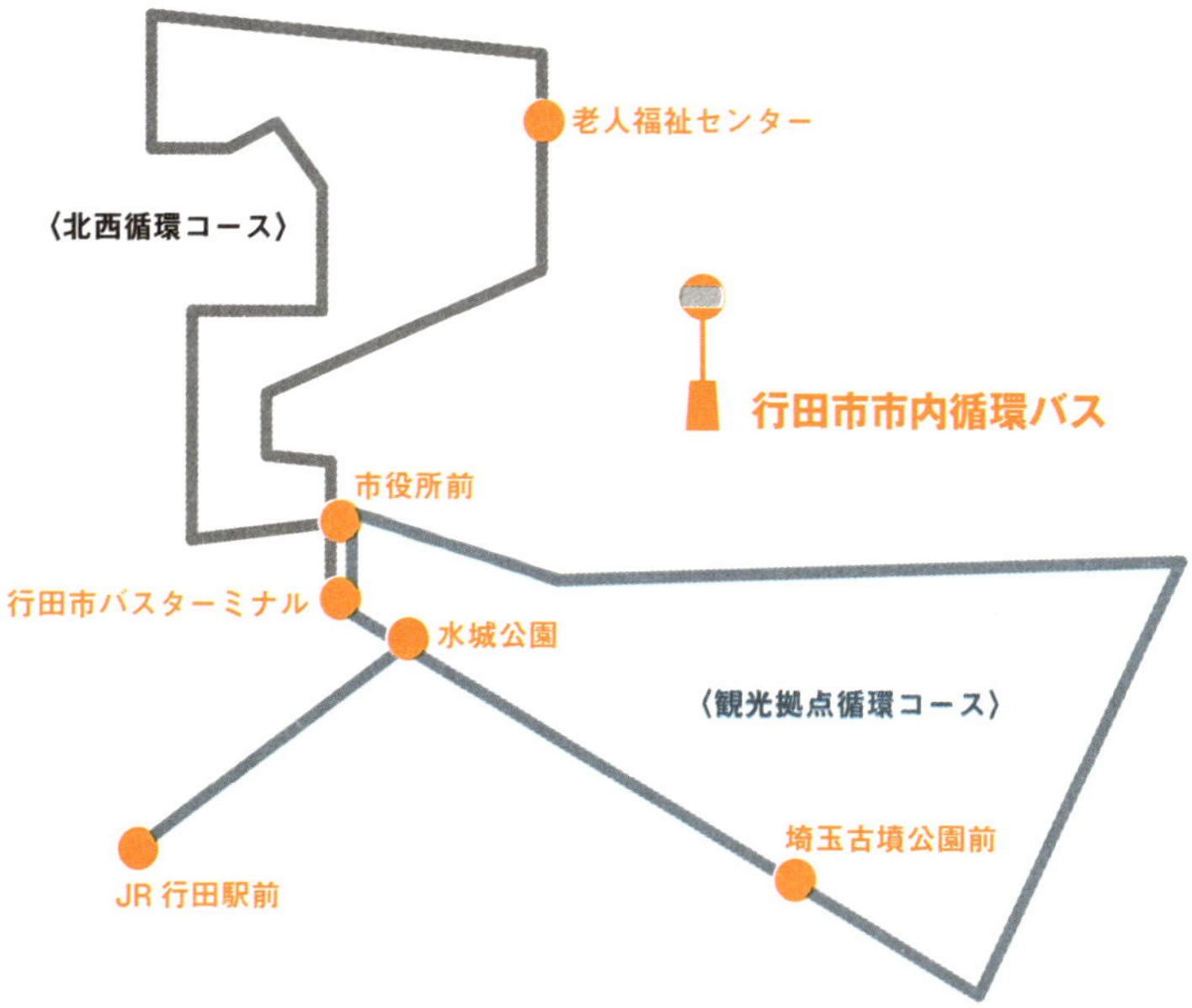

示はなかったが、いつしか県境を越えて、向こう岸には〈群馬県千代田町〉のプレートが掲示されていた。

スマホというのはやはり便利なもので、バスナビというアプリでチャチャっと検索したところ、少し先の停留所から館林に出るバスがあるのを知った。館林から東武線に乗って帰るのもいいかな……と、目当ての「富永郵便局前（館林観光バス）」まで行って、停留所の時刻表をチェックしたところで、誤りに気づいた。20分後に来るのは逆方向の千代田町役場に行くバスで、館林行きの方はおよそ1時間半待たなくてはならない。

なじみのない名前のコンビニ1軒きりしか近くにないこの場所で、1時間半時間を潰すというのはきつい。日が暮れる前に、カラッ風が吹きすさぶ利根川の長い橋をまた引き返すことにした。

新橋から都バスに乗ってスカイツリーへ

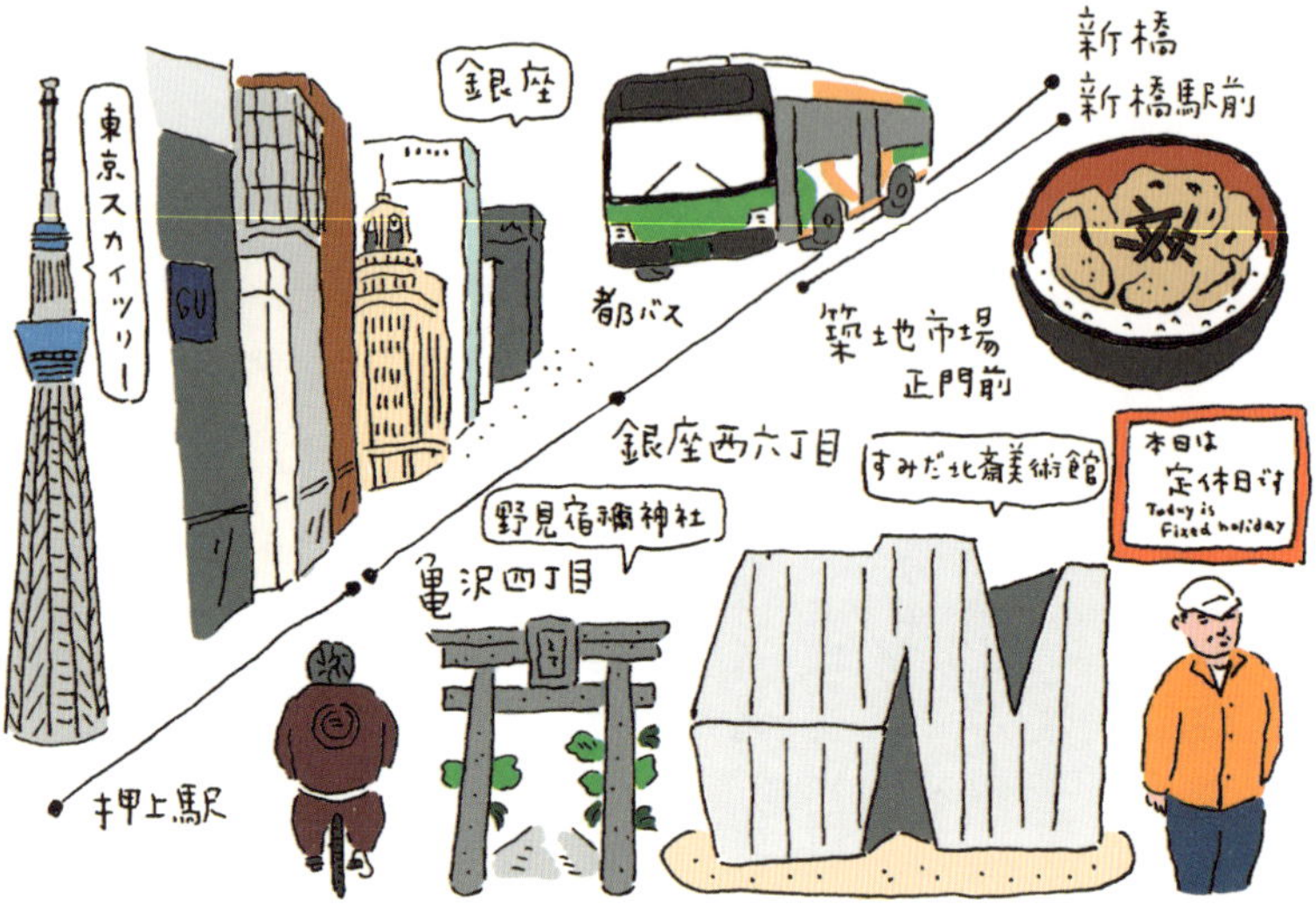

都営バス、墨田区内循環バス

新橋駅前→築地市場正門前、
新橋→亀沢四丁目（都営バス）
すみだ北斎美術館前→押上駅（墨田区内循環バス）

新橋は昔から都バスの重要な拠点だった。子供の頃は、この駅前から新宿を通って鷺ノ宮や大泉学園まで行く長距離路線があって、その途中の落合の方に住んでいた僕は何度か乗ったことがある。いまどき西の郊外へ行く路線はなくなってしまったけれど、ちょっと面白い路線が二つある。まずは、築地の市場との間を循環している〈市01〉系統。これに乗って、場内の店でウマイ朝飯を食おう……と、午前9時に新橋の駅前へやってきた。

銀座口に出て、1番乗り場の停留所に目をやったとき、あ、しまった！　と思った。〈本日市場休場〉と赤字の告知が出ている。この日は1月なかばの水曜日、後で知ったことだが、水曜はけっこう臨時休業日にあてられていることが多いのだ。

目当ての築地中央市場行きというのは走っていないが、ほぼ同じコースを行く国立がん研究センター行きのバスはかなり頻繁に出ている。これに乗って、ともかく市場まで行ってみることにしよう。

外堀通りに出たバスは、蓬莱橋の交差点から海岸通りに入る。ここで注目したいのは車窓の左手、サイコロを積み上げたようなユニークな格好のビルが見える。黒川紀章が1970年代初めに手掛けた中銀カプセルタワービル。当初は銀座景色のなかで浮き上がっていたが、年季が入ったいまは〝なつかしい近未来ビル〟とでもいうべき、不思議な趣きがある。

市場場内の中央市場バス停。市場営業日はここまでバスが入ってくる。

さらに、そのちょっと先の「浜離宮前」バス停横には、汐留から市場へ行く貨物線が通っていた時代の踏切が残されている。

新大橋通りぞいの「築地市場正門前」でバスを降りた。ま、ここでも市場はすぐ目の前なのだが、開場時の築地中央市場行きのバスは正門から場内まで入っていくのだ。場内通路の一角の停留所で降りて、プロ(河岸業者)っぽい気分でアプローチしたかったのだが、しかたがない。豊洲に移る前に余裕があったら、改めて乗ってみたいと思う。

正門の前には、閉場と知らずにウッカリやってきてしまった外国人観光客のグループが浮かない顔して佇んでいたが、なかには入っていけるようで、ずんずん場内へ歩いていく集団もいる。

ターレットと呼ばれる小型運搬車やバイクが走っていない場内の景色は寂しいが、歩きやすいことは確かだ。目当てにしていた寿司屋やフライの洋食店が並ぶ筋も大方シャッターが閉まっているけれど、観光客相手に開けている店も数軒ある。

アジア系の観光グループの後について、場内の水神にお参りして、外に出た。場外の店は相変わらずの盛況だったが、ここまで来たら、昔から贔屓にしている焼き鳥丼の店を覗いてみたい。晴海通りに出た所にある「ととや」という店、閉場日の午前9時台だから、なかば期待しないで行ってみたら、なんと営業していた。

もも肉５枚、ぼんじり１枚というボリュームたっぷり！「ととや」の焼き鳥丼。

炭焼きした鶏もも肉がたっぷり載っかった、ウナ重みたいなタレの味も格別な焼き鳥丼をかっこんで、新大橋通りのバス停〈国立がん研究センター前〉から再び〈市01〉のバスに乗って新橋駅前に戻ってきた。次に乗るのは〈業10〉系統、とうきょうスカイツリー駅前行き。ちなみに、先の〈市01〉の市は無論〝市場〟の意味だが、こちらの〈業〉は東京スカイツリーができる以前の駅名「業平橋」に由来する。

とうきょうスカイツリー駅前行きのバス、夜の8時以降は〈市01〉と同じ1番乗り場出発なのだが、日中の乗り場は外堀通りを渡った向こう、銀座並木通りへと続く横道の一角にある。ここがちょっと裏町の停車場っぽくていい。

新橋から210円の普通運賃で東京スカイツリーまで行ける、魅力的な観光路線ともいえるが、もう一つ、唯一銀座の目抜き通りを走る路線バスでもある。

銀座六丁目のGINZA SIXの向かい、ユニクロの前にこの路線のバス停が立っている。ここで降りて、まずちょこっと銀ぶらを楽しもう……というのが〝市場で朝飯〟の次のプランだった。が、乗ったバスは銀座（中央）通りの方へは行かず、土橋から外堀通りに入って、リクルートのすぐ先の「銀座西六丁目」の停留所に停まった。そうか……銀座通りの方を走るのは夜の8時以降の便だけなのだ。ここ、銀座の目抜き通りではないけれど、まぁ中心地といっていい場所である。また「西六丁目」というのは昭和30年代以前の旧町名の名残な

GINZA SIXの屋上にある靍護稲荷神社を参拝。

銀座の
ROLEXの
開店を待つ
スポーティーな
外国人男性

のだ。クラシックな銀座電通ビルの脇から交詢社通り、並木通り、みゆき通りへと歩いて、GINZA SIXに入った。銀座（東京）というよりもむしろ、香港あたりの高級ブランドモールを思わせる館内をそぞろ歩いて、かつて同地にあった松坂屋の屋上に君臨していた商売の神、靍護《かくご》稲荷神社を参拝。本日は午後から雨予報の出た曇天（このエッセーのお約束！）ながら、北方にこれから向かうスカイツリーがぼんやり霞んで見える。

軽い銀ぶらを終えて、晴海通りの三越横の「銀座四丁目」停留所から再び〈業10〉バスに乗車した。

朝方歩いた市場の北側を過ぎて、勝鬨《かちどき》橋を渡ったバスは晴海から豊洲へと進んでいく。すっかり新市街の雰囲気になった豊洲から湾岸の裏町風情漂う枝川の住宅街を抜けて、三ツ目通りに入ると、後はずっと北上、やがて木場に差しかかった。

永代通りの交差点を過ぎると右手に見えてくる木場公園の広大な緑地は、昭和40年代頃まで材木の貯木池だった所である。この一角にある東京都現代美術館も、この路線バスでアプローチできる観光スポットなのだが、長らく修復工事中で閉館している。

銀座の外堀通りを走る「とうきょうスカイツリー駅前」行きの都バス。

この辺から車窓の右前方にスカイツリーが垣間見えるようになってくる。菊川の駅前を過ぎると、立川の界隈はまだ昔の下町風の素朴な町工場がちらほら見受けられる。このますんなり終点まで乗ってしまうのも芸がないので、「亀沢四丁目」で最後の途中下車をした。すぐ手前の交差点に〈北斎通り〉の表示板が出ているが、北斎はこの通りの近くで生まれたといわれている。この道を入っていくと、「すみだ北斎美術館」がある。

北斎の美術館に入る前に、ちょっと手前に木立ちが見える「野見宿禰神社」に立ち寄った。ノミノスクネジンジャと読むこの難読の神社、野見宿禰とは『日本書紀』にも伝えられる相撲の神様で、この隣りに部屋があった初代高砂が明治18年に創建したとされている。力士像のような派手なオブジェはないものの、歴代横綱の名を刻んだ石碑が置かれている。時節柄、つい〝日馬富士〟の名前の所に目が行ってしまった。

すみだ北斎美術館は、北斎とゆかりのあった弘前藩津軽家大名屋敷の跡地に建てられている。銀色に輝くアルミパネルの建物は、一見〝未来科学系ミュージアム〟のイメージだが、じっと見ていると、どことなくあの有名な「神奈川沖浪裏」の高波を思わせるところもある。

この数年、ちょっとした北斎ブームだから、平日とはいえ館内はけっこうな人出だ。僕は、小中学生の頃〝切手（マニア）少年〟だっ

北斎通りのそばに建てられている「すみだ北斎美術館」。

たので、葛飾北斎の作品は「神奈川沖浪裏」をはじめとする『冨嶽三十六景』の何点かが図案に採用された「国際文通週間」の記念切手でまず親しんだ。そういった代表作の高精細レプリカは常設展示コーナーで眺めることができるけれど、この日は開館1周年を記念して〝めでたさ〟をテーマにした七福神や吉祥モノの作品が企画展示のコーナーを飾っていた。

そして、作品とは別に目に焼きついたのが、晩年の北斎を象《かたど》った等身大フィギュア。娘のお栄を前に寝床兼用のこたつで絵筆を執る作業風景を描いたものなのだが、実にリアル（時折手が上下に動いたりする）にできている。コレは必見！

ここに立ち寄ったのは、周辺を走っているコミュニティーバスに乗りたい、という意図もあった。美術館の目の前に停留所のあるこのバスは、第1回で〈北東部ルート〉と〈北西部ルート〉に乗車した墨田区内循環バスの〈南部ルート〉。パープルカラーのこのバスに乗ると、3ルートを制覇したことになる。

小さなバスは、隅田川べりの旧安田庭園、両国国技館の前を通って、吉良邸や勝海舟生誕地の方をぐるりと回ると、さっきの野見宿禰神社の東方を北進、吾妻橋の方から東京スカイツリーの東口、押上駅前のターミナルに到着した。
ふりだし（第1回）に戻ってきたことになるけれど、そういえば背後の
スカイツリーにまだ上っていなかった。

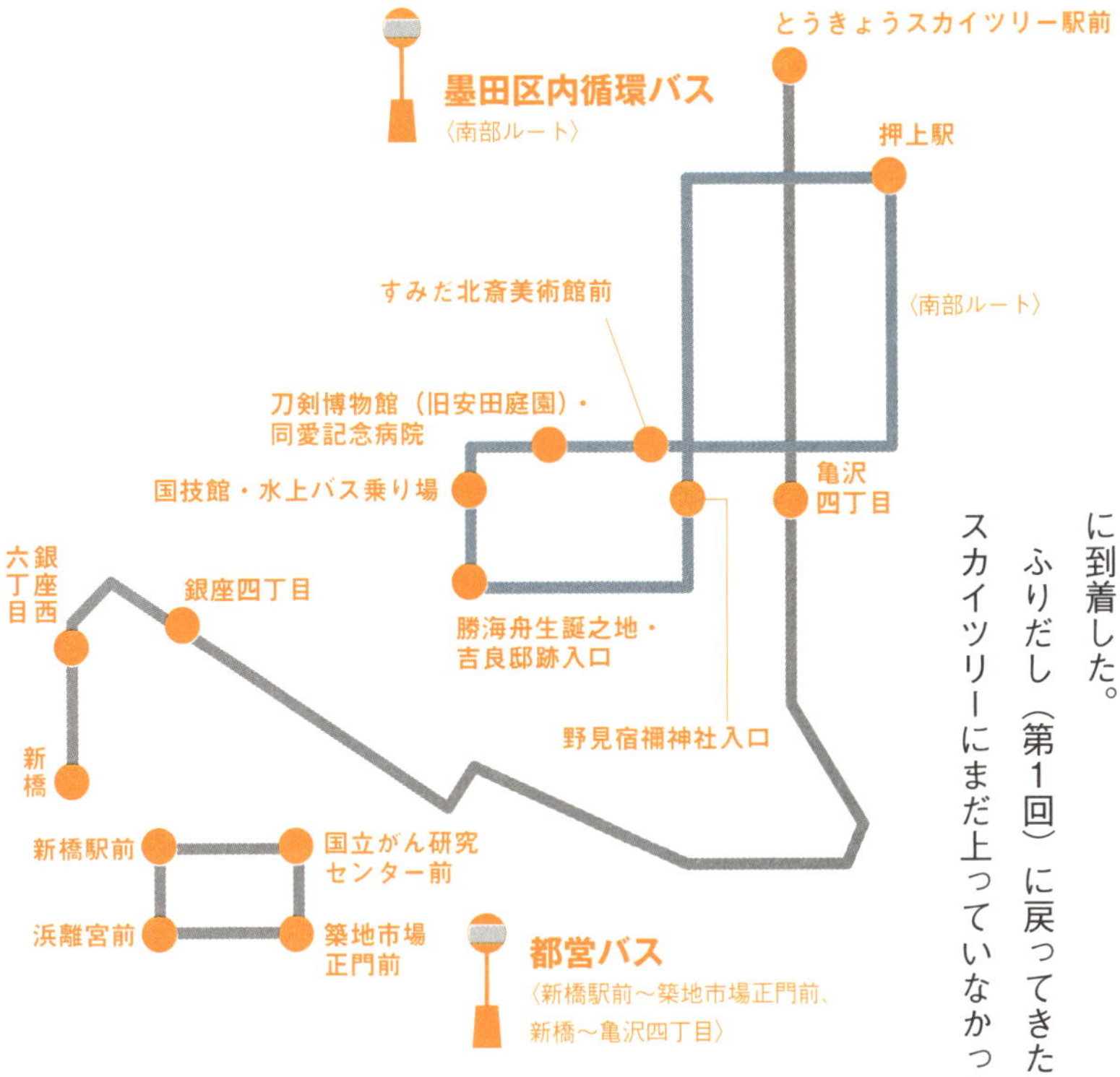

あとがき

バス旅エッセーをよく書く……と冒頭でふれましたが、1冊の本にまとまったのは久しぶりのこと。『大東京バス案内』『バスで田舎へ行く』といった著書が〝検索〟をかけると出てくるかと思いますが、どちらも1990年代（文庫本は2000年代初め）に刊行されたものでして、もはや中古本でしか入手することはできません。

本書の「大東京」のタイトルは、二十余年前の『大東京バス案内』の続編的意図もこめて付けたものですが、そもそも「大東京」というフレーズは昭和の初めに中野や板橋や世田谷などの郡部を区に昇格させて、東京市街がグッと広がっていくときにハヤったもので、下に付けた「遊覧」とともに、懐かしいムードを醸し出そうという狙いがありました。

バスの下に遊覧と続くと、なんとなくコロムビア・ローズの唄（東京のバスガール）なんかが思い浮かんできませんか？　まぁ、あれは観光バスをシチュエーションにした唄でしたが……。たとえが古くてすいません。

90年代に書いた東京のバス本のときと業界をめぐる状況は随分変わりました。廃止や短縮された路線は数々ありますが、一方でどっと増えたのがコミュニティーバスというジャンル。多くは地方自治体（区や市）と地域の私営バスが共同で運営しているものですが、いまやどこの区や市に行っても、マスコットキャラをあしらった小型バスが走っていたりする。これ、正規の路線バスとはいえないかもしれませんが、ほぼどこのコミュニティーバスにも停留所があって、くねくねした狭い旧道や地味な路地……と、なかなかマニア好みの渋いコースを走ってくれます。そんなわけで、各地のコミュニティーバスにかなり積極的に乗車しました。

本書では、他の著書でも何度か組んでいるイラストレーター・なかむらるみさんに同行取材をお願いして、のらりくらりのバス旅にぴったりの絵を付けてもらいました。それから、スタッフとして文中にも時折登場するT氏、実は2名います。T音で始まる姓の者が2人いるので、合体させてしまいました（その1人は〝俺たちの坂〟のスナップにチラリと写りこんでいます）。

というわけで、連載取材スタッフの2名のT氏こと東京新聞販売局・竹田浩之氏とランドマークス・田中良輔氏をはじめ、東京新聞「TOKYO発」欄の増田恵美子氏（前任）、早川由紀美氏、書籍の編集でお世話になった東京新聞出版・社会事業部の山﨑奈緒美氏、フリーエディターの阿部えり氏、デザイナーの中村健氏に、厚く感謝の意を述べたいと思います。

2018年6月
泉　麻人

泉 麻人（いずみ・あさと）

1956年東京生まれ。慶応義塾大学商学部卒業後、編集者を経てコラムニストとして活動。東京に関する著作を多く著わす。近著に『大東京23区散歩』（講談社）、『東京いい道、しぶい道』（中公新書ラクレ）、『東京 いつもの喫茶店』（平凡社）など。

なかむらるみ

1980年東京都新宿区生まれ。武蔵野美術大学デザイン情報学科卒。著書に『おじさん図鑑』（小学館）、『おじさん追跡日記』（文藝春秋）がある。泉麻人さんとは『東京ふつうの喫茶店』（平凡社）などでタッグを組んだ。

大東京 のらりくらりバス遊覧

2018年7月25日 第1刷発行

著　者　泉 麻人
絵　　　なかむらるみ
発行者　古賀健一郎
発行所　東京新聞
〒100-8505
東京都千代田区内幸町2-1-4
中日新聞東京本社
電　話［編集］03-6910-2521
　　　［営業］03-6910-2527
FAX　03-3595-4831

装丁・本文デザイン　中村健（MO'BETTER DESIGN）
制作協力　株式会社ランドマークス
撮影　押木良輔　田中良輔
編集　阿部えり
印刷・製本　株式会社シナノ パブリッシング プレス

ISBN978-4-8083-1029-5　C0026